Tracce

MASSIMO GRAMELLINI

Prima che tu venga al mondo

SOLFERINO

SOLFERINO

www.solferinolibri.it

Published by arrangement with The Italian Literary Agency

ISBN 978-88-282-0315-5
Prima edizione: ottobre 2019

Prima che tu venga al mondo

A Diego e a Tommaso.
E alla loro madre, naturalmente.

MENO NOVE

Nome MASSIMO *Cognome GRAMELLINI*

Età gestazionale (E.G.) 39 settimane

Data di nascita 02.10.1960

Peso alla nascita 3240 grammi

Peso alla crescita 86700 grammi

Lunghezza 180 cm

Circonferenza cranica 59 cm

Gruppo sanguigno A Rh positivo

I desideri sono ricordi.

Non si desiderano le cose che non abbiamo conosciuto, ma solo quelle che abbiamo perduto.

La mia compagna ha un ritardo inspiegabile e mi spedisce in farmacia per chiedere un test di gravidanza. Ci ritroviamo a scrutare un piccolo schermo su cui entro tre minuti apparirà la scritta fatale.

Incinta

Non incinta

E in quei tre minuti mi passa davanti la vita.

Primo compleanno

La candelina si erge come un obelisco sopra la Tartufata, una torta ricoperta di scaglie di cioccolato fondente, tuttora la mia preferita. Intorno al bimbo biondo che gonfia le gote, l'immagine disvela un paio di nonne e un numero ragguardevole di parenti collaterali. Persino due genitori. Mio padre si distingue facilmente dal resto della comitiva: è l'unico che non sorride.

Ho avuto una famiglia. Anche se me lo sono dimenticato.

Decimo compleanno

La Tartufata è la stessa, mentre la folla si è rattrappita alle dimensioni di un tandem. E mio padre non è più l'unico a non sorridere nella foto.

Non cominciamo con le versioni consolatorie. Sottoscrivo appelli contro le fake news e poi ne sforno su me stesso a getto continuo, pur di piegare l'autobiografia ai miei comodi.

Diventare un padre di famiglia non è mai stato nella lista delle mie aspirazioni. Ma non è vero che non ho voluto un figlio perché vantavo un curriculum da orfano precoce e mi spaventava il pensiero che potesse condividere lo stesso destino.

Ed è altrettanto subdolo insinuare che temevo di diventare un padre come mio padre. Papà era diverso da me, ma non era un mostro. Imputare a lui la mia renitenza alla riproduzione sarebbe eccessivo. Ad alimentarla era il timore che, diventando padre, avrei smesso di essere figlio.

Associavo l'essere figlio a una serie di benefici non negoziabili, come l'irresponsabilità e la libertà creativa.

Cinquantaquattresimo compleanno

Un selfie con la Tartufata, e l'unica a sorridere è lei.

Superata la soglia dei cinquant'anni, ero riuscito a costruirmi una perfetta vita da figlio.

Vivevo con una donna alla quale permettevo, e inconsapevolmente chiedevo, di trattarmi da figlio. Al giornale su cui scrivevo dai tempi di George Bush padre mi consideravano un figlio: il dispari della nidiata a cui tutto è concesso, ma nulla affidato. E in televisione ero l'ospite fisso di un conduttore accudente, che mi permetteva di fare il figlio anche lì. Eseguivo il mio esercizio dialettico disinteressandomi del contorno. Guardare la telecamera, per esempio. Possibilmente quella accesa.

Mi circondavo di animali, un gatto e tre cani, ciascuno depositario di una trama straziante di torture e abbandoni. Ma persino quelle creature, che nella rappresentazione scenica avrebbero dovuto incarnare i miei figli, si erano ritrovate a farmi da genitori. Tra le loro zampe andavo a cercare la comprensione e l'affetto che non sapevo darmi da solo.

I bambini entravano nella mia vita solo quando vi erano trascinati dal vento della cronaca. Allora diventavano storie per i miei corsivi. E nessuno più di Gabriele Francesco.

Ci sono ancora

Mi chiamo Gabriele Francesco e oggi avrei un mese, se fossi vivo. Invece sono morto il giorno in cui sono nato.

Mi hanno lasciato sotto un cavalcavia, con indosso pochi stracci e nemmeno un biberon nei paraggi. Prima di chiudere gli occhi, mi sono raggomitolato tra i rifiuti per cercare conforto e ho pensato: davvero è così brutto questo mondo che sto già per lasciare? Poi mi sono sentito sollevare e, dall'Altrove da cui adesso vi scrivo, ho visto che la bellezza c'è ancora.

C'è bellezza nel camionista che mi ha trovato sotto il cavalcavia e nell'ispettore di polizia che mi ha imposto questo nome. È importante averne uno, significa che sei esistito davvero.

C'è bellezza negli agenti che per il mio funerale hanno organizzato una colletta a cui si sono uniti tutti, dai pompieri alle guardie forestali. E c'è, la bellezza, nella ditta di pompe funebri che ha detto «per il funerale non vogliamo un euro», così i soldi sono andati ai volontari che in ospedale aiutano i bimbi malati. Dove sono nato io, metteranno addirittura una targa. Allora non sono nato invano.

Mi chiamo Gabriele Francesco e ci sono ancora.

Alcuni anni prima avevo scritto un libro su mia madre e qualcosa si era messo in cammino dentro di me. Appena il protagonista di una storia prende coscienza dei suoi blocchi, comincia a superarli. Così almeno succede nei luoghi bene arredati, come i romanzi. Nella vita è diverso. Più che a un romanzo, la vita assomiglia a un gatto. Una serie di attese estenuanti che preludono a balzi improvvisi.

Alla lunga i miei bisogni hanno prevalso sulle mie paure. Nonostante l'età mi offrisse l'alibi per una ritirata strategica, ho inserito la modalità *pater* nel mio navigatore sentimentale e sono uscito dalla zona di conforto per cambiare tutti i punti fermi: lavoro, casa, città e compagna. Forse è troppo tardi per avere un figlio, ma non per comportarmi da padre nei confronti della mia vita.

Adesso il quadro appare più chiaro. Non mi sono mai costruito una famiglia perché ne avevo rimosso il ricordo tra le tempeste dell'infanzia. Lo associavo al dolore incolmabile di una perdita. Soltanto dopo avere finito di fare pace con mia madre ho potuto mettermi sulle tracce di una donna come lei.

Non incinta

La mia compagna ha uno sguardo che sa di delusione più che di sollievo, ma trova la forza di chiedermi come mi sento.

Ed è in quel preciso istante che succede.

Una presa di judo all'altezza dello stomaco. Un vuoto inatteso. Un richiamo irresistibile.

Mi sono appena ricordato che desidero te.

Il test negativo risale al mese scorso e da allora non usiamo più troppe precauzioni.

Se dovrai succedere, succederai.

Altrimenti continuerò a festeggiare i miei compleanni con la Tartufata, ma ti prometto che cercherò di sorridere nelle fotografie.

MENO OTTO

«Sei seduto?»

La voce di tua madre rimbomba nelle cuffiette da quattrocento chilometri di distanza.

«Sono in taxi» le dico. E sto cercando di mangiare un pacchetto di wafer alla nocciola senza trasformare il mio impermeabile in un congresso di briciole (ma questo non glielo dico).

«Siamo incinti» annuncia. Al plurale.

Nelle circostanze memorabili ho sempre avuto la tendenza a pronunciare frasi particolarmente stupide. Mi confermo all'altezza della tradizione.

«In che senso?», ma le vere parole che mi pulsano nel cervello sono: «Di già?».

«Nell'unico senso possibile» concede lei, benevola.

«Siamo sicuri?» insisto. Al plurale.

«Sicurissimi. Ti ho appena mandato una foto.»

La guardo. Lo schermo del test di gravidanza è una vecchia conoscenza. Neanche la parola *Incinta* può definirsi una sorpresa. Ma un incantesimo deve avere cancellato il *Non*.

«Quante volte lo hai fatto?»

«Soltanto tre, padre.» Tua madre esplode nella sua celebre risata a zampillo. Poi mi chiede se sono felice.

Anziché la bocca, apro la portiera e affondo sul marciapiede. Non percepisco più i piedi.

«Ma che cosa fa? Non siamo ancora arrivati» obietta il tassista.

«Si sbaglia» gli rispondo.

Non mi sono mai sentito così arrivato in vita mia.

Poiché tornerò a casa soltanto l'indomani, trascorro la notte nella stanza d'albergo a riflettere sugli ultimi avvenimenti, in compagnia di una pallida epigona della Tartufata.

Ho sempre la sensazione di giocare con la realtà e che nulla mi succeda sul serio.

Invece.

Ancora quattro anni fa mi scattavo un selfie con una torta e vivevo barricato dentro un casale di campagna, accudito da un bracco tedesco. Adesso mi muovo come un pendolo tra due metropoli e aspetto un figlio. Al primo colpo. E a un'età in cui la cartucciera tende a svuotarsi.

Immagino questo spermatozoo attempato che taglia il traguardo con mosse circospette, ma inesorabili. Accadeva lo stesso anche a me, quando entravo in acqua da piccolo.

C'è un filmino in bianco e nero girato da mio padre – gli storici lo collocano tra la scoperta della ruota e lo sbarco sulla Luna – in cui un nugolo di bimbi si butta in mare schiamazzando. Dopo un'attesa insopportabile, dentro l'inquadratura irrompo io. Avanzo solitario lungo la battigia con andatura da granchio, tenendo le braccia rigide davanti al viso per proteggerlo dagli schizzi di onde inesistenti. A preoccuparmi non sembra essere l'acqua in sé, ma la temperatura.

Passare dal caldo al freddo.

Ecco che cosa mi preoccupava, della paternità. Non la procreazione in sé, ma il passaggio. Dalla condizione di figlio a quella di padre. Mi procurava una sensazione di gelo. Invece adesso ci sudo dentro tutta la notte e al risveglio avverto il caratteristico bruciore tra naso e gola che preannuncia un verdetto implacabile.

Non sei ancora nato e mi hai già attaccato la bronchite.

Tua madre apre la porta con uno sguardo di luce. Lo stesso che aveva la sera d'inverno in cui l'ho vista uscire di corsa da un ascensore per irrompere nella mia vita. L'ho riconosciuta subito, forse perché quelle come lei le avevo sempre evitate. Dopo la morte di tua nonna non avevo mai voluto accompagnarmi a donne che avessero la sua bionda sbadataggine e il suo cuore perennemente acceso a temperatura costante.

Non sentendomi pronto alla vita, ma sempre in procinto di cominciare a esserlo, avevo attirato amori che mi consentissero di perpetuare questo stato di attesa perenne e respinto chi minacciava di trascinarmi di fronte allo specchio delle mie inadeguatezze.

Mi sono innamorato definitivamente di tua madre il giorno in cui è entrata nella hall di un albergo saltellando su un paio di Louboutin tacco 12. La pericolosità dell'impresa, unita alla lucentezza del suo volto, avevano conquistato l'attenzione dell'intera sala.

Era a due passi dall'approdo delle mie braccia quando un tacco l'aveva tradita, facendola precipitare al tappeto. Una scena talmente goffa che qualunque donna ne sarebbe riemersa con il fascino sotto le suole.

Qualunque donna tranne mia madre, Marilyn Monroe e lei, che si era rialzata con un sorriso da diva, passandosi una mano tra i capelli. Tutti la guardavamo incantati. Una bellezza inattaccabile dalle insidie della legge di gravità.

Adesso si tratta di annunciarlo al mondo.

E il mondo incomincia con Chiara. L'amica del cuore che ci ha fatti conoscere e si commuove al pensiero che questa creatura potrebbe diventare l'amica del cuore della sua.

Poi tocca all'adorabile clan di tua madre. Genitori, zie, fratelli, cognate. Alla fine del tour telefonico neanche un parente di terzo grado verrà risparmiato. Ciascuno reagisce in base al carattere e alle proprie priorità esistenziali. Chi esulta, chi piange, chi si informa se rinunceremo a una parte del salone per ricavarti una stanza.

Io non ho famigliari da coinvolgere e mi scopro una vena inedita di riservatezza. Come spesso capita a coloro che l'hanno persa da piccoli, sono frenato dal timore che l'ostentazione della felicità mi attiri l'invidia di chi felice non è. Ma la notizia circola e ciascuno ha la sua frase memorabile in canna, il suo Post-it da attaccarmi al cervello.

Vedrai come ti cambia la vita.

Grandi gioie e pochi piaceri.

Che cosa provi?

Non ti senti impazzire dentro?

Non è il momento più incredibile, l'emozione più assoluta?

Me la godo, questo sì. Ma è un'emozione silenziosa. A darle voce mi sembrerebbe di sporcarla. Anche perché l'evoluzione inesorabile del bruciore tra naso e gola ha intaccato le corde vocali, regalandomi il tono cavernoso di un biscazziere della mala.

Mi sento così stonato che commetto un errore irreparabile. Rispondere alla chiamata del mio amico più caro.

Norberto non ha mai desiderato riprodursi. Trova già faticoso prodursi. Il pianeta e il quartiere in cui abita gli sembrano fin troppo affollati per i suoi gusti. E poi tutto il peso dell'accudimento della prole graverebbe sulla sua fidanzata, che non avrebbe più il tempo di accudire lui.

Preoccupato dagli effetti che la sua reazione avrebbe avuto sul mio umore, ho preso il tema della mia imminente paternità da un ingresso laterale: il crollo delle nascite. Devi sapere che Norberto ha appena firmato un appello contro l'estinzione del pappagallo neozelandese, ma quando gli ho citato i risultati di una ricerca dell'Università di Gerusalemme, secondo cui il maschio occidentale ha smarrito la metà dei suoi spermatozoi, mi è parso sollevato.

«Questo pianeta ci ha già sopportato abbastanza. Il suicidio etnico è la soluzione più indolore.»

«Lo dici come se ne avessimo coscienza.»

«L'incoscienza rimane l'unico modo per fare le cose. Anche quelle sbagliate. I figli, solo un incosciente può ancora pensare di metterli al mondo.»

«Un incosciente o un visionario straordinariamente sensibile... Trovo assurdo che i politici non considerino le culle vuote un probema.»

«La sterilità è una benedizione, non un problema. Ma se anche lo fosse, nessuno sarebbe in grado di affrontarlo. La classe dirigente è divisa tra competenti che non capiscono i problemi delle persone comuni e incompetenti che li capiscono, ma non sanno come risolverli.»

«Possibile che l'idea di vivere in una città dove ci sono più anziani che ragazzi non ti faccia effetto?»

«Il pub sotto casa mia è pieno di mocciosi che mi vomitano sul portone.»

«Sei vecchio, Norberto. E ai vecchi i giovani sembrano sempre troppi, anche quando non ce ne sono più.»

«Ti rammento che hai un anno più di me.»

«Due mesi e ventinove giorni. E, a differenza tua, io rimango giovane dentro.»

«Che banalità insopportabile. Della giovinezza hai conservato solamente il narcisismo.»

«Dimentichi il desiderio.»

«Non ti illudere, quello è in calo ovunque, proprio come le nascite. Persino i maschi delle tigri vengono trattati con il Viagra per supplire a una desolante carenza di iniziativa, benché nel loro caso non si possano nemmeno tirare in ballo le distrazioni del calciomercato.»

«Ma se non facciamo che parlare di sesso!»

«Però per eccitarci abbiamo bisogno di ingurgitare pasticche sempre più blu, con quei nomi da elfi del *Signore degli Anelli*: Cialis, Kamagra, Sildenafil...»

«Hai letto di quel sindaco francese che le vuole fornire gratuitamente ai concittadini?»

«Un eroe e un illuso. I figli hanno smesso di nascere anche per altre ragioni. Mancano lo spazio per ospitarli, l'acqua per dissetarli e i soldi per mantenerli.»

«I miei genitori vennero al mondo in mezzo alla fame e mio zio in mezzo alle bombe. Forse i figli non si fanno quando si sta bene, ma quando si spera di potere stare meglio. Ed è questa speranza oggi a mancare, Norberto. Magari esistesse una pillola per risuscitarla.»

«Preferisco fidarmi di quelle già in commercio.»

«Le hai mai usate con la tua fidanzata?»

«Sai bene che non faccio l'amore con le persone che amo.»

«Dovresti curarti.»

«Parla un ipocondriaco che appena ha due linee di febbre fa testamento. E senza neanche avere un figlio a cui lasciare qualcosa.»

«Tu che ne sai?»

«Ohi, ti staranno mica venendo idee bizzarre? Guarda che sei troppo vecchio per diventare adulto.»

«Ma sono troppo giovane per rinunciare a provarci.»

«Come l'ha presa Norberto?» mi chiede tua madre dopo avermi raggiunto sotto le coperte.

«Quando gliel'ho detto è scoppiato a piangere. Per la disperazione, sostiene. Alla mia età, un figlio...»

Lei sospira.

«Sai? Ho la netta sensazione che siano due.»

MENO SETTE

Osservo gli altri padri nella sala d'aspetto. Tutti più giovani di me, tranne uno.

«Primo figlio?» mi informo con sguardo complice.

«Sono il nonno» sorride.

Tocca a noi. L'ecografista ha l'aspetto di una donna pragmatica, ma la investo subito di poteri magici. Ogni medico mi ispira un timore reverenziale. A maggior ragione questa profetessa degli ultrasuoni che si accinge a consultare i suoi alambicchi per svelarmi l'arcano dei Gemelli.

Ho la netta sensazione che siano due, ha detto tua madre.

Due culle, due codici fiscali, due satanassi che strillano all'unisono in treno. Una specie di rock band di cui mi toccherà essere l'impresario e il principale finanziatore.

«Se fossero due, che cosa facciamo?» mi sussurra all'orecchio, mentre la Profetessa le spalma il gel sul grembo affollato.

«Tiriamo a sorte?» provo a farla sorridere, senza esito.

«Manina» ordina.

Devi sapere che tua madre ha il terrore degli aerei come di tutte le cose che volano, dai piatti agli insetti. Ogni volta che uno di quegli aggeggi decolla con lei sulla lista dei passeggeri, chiede al vicino di posto di stringerle la mano. Ha la rubrica intasata dai numeri di telefono di tutte le dita che ha intrecciato lungo le rotte del mondo. Se un giorno non la vedremo ritornare a casa, sarà perché in aereo avrà detto «manina» a George Clooney.

Ora sta volando con te. Mentre la telecamera a tubo scorre sulla sua pancia inumidita, sbircio timidamente lo schermo. Un po' alla volta la tempesta di scarabocchi elettronici prende la forma di un fagiolino.

«È uno solo, ma vale per due» sentenzia la Profetessa.

Sei molto bene impiantato. Sembreresti sceso tra noi con l'intenzione di restare.

Continuo a osservarti nel televisore e ho l'impressione di non provare niente. Il manuale del perfetto padre pretende ululati di stupore davanti alla prima visione di un figlio e mi considero già in colpa verso l'umanità intera, quando la Profetessa decide di alzare il volume.

Bum bum. Bum bum.

«Lo sente?» dice.

Ti sento.

Bum bum. Bum bum.

Non sei solo un tracciato di linee su uno schermo, ma qualcosa che pulsa al ritmo accelerato di una danza tribale. Un piccolo asteroide caduto dal cielo che rotola rimbalzando sui gradini di una scala bagnata, in fondo alla quale ci saranno le mie braccia spaventate ad accoglierlo.

«Quando esce?» chiedo alla Profetessa, neanche tu fossi un libro.

Sorride per la mia goffaggine e indica una data in fondo al referto.

Impallidisco.

La tua venuta al mondo è prevista per lo stesso giorno e mese in cui nacque mio padre.

Avrei bisogno di parlargli. Adesso.

Non l'ho mai fatto davvero. Abbiamo dormito sotto lo stesso tetto e, per qualche tempo, nello stesso letto. L'ho visto infinite volte sbucciare una mela dopo averla divisa in quattro spicchi, per poi infilzarne uno con la forchetta e metterlo nel mio piatto. In fondo ai suoi occhi, che avevano il colore del cielo, ho catturato la voglia di vivere e la paura di invecchiare, il piacere della compagnia chiassosa e un desiderio spasmodico di solitudine. Ma non siamo mai riusciti a comunicare.

Quando ero partito per la mia prima vacanza senza di lui, mi aveva osservato preparare la valigia in silenzio. Poi si era tolto un pacchetto di preservativi dalle tasche e lo aveva scagliato sopra le magliette stirate. «Nel caso dovessero servirti.» Era stata la sua unica lezione di educazione sessuale.

Come avrei voluto che fosse?

Più dolce e disponibile all'ascolto.

Ma avrei voluto che fosse mio amico?

Domanda oziosa. Mi avrebbe risposto che un padre non può essere amico di suo figlio, come il professore non può esserlo di uno studente e il capufficio di un impiegato. Non fino a quando riveste quel ruolo. Ma, a differenza di un professore e di un capufficio, un genitore non va mai in pensione.

La prima volta in cui era apparsa la mia firma sotto un articolo, aveva commentato burbero che oramai sui giornali consentivano di scrivere a chiunque. E quando la sera, a cena, avevo lasciato nel piatto lo spicchio sbucciato di mela, aveva sbattuto un pugno sul tavolo, urlando che mi ero montato la testa. Ho saputo solo dopo la sua morte che era solito infliggere agli amici le letture estenuanti dei miei pezzi, durante le quali i suoi occhi colore del cielo si inumidivano di stelle: «Ah, se ci fosse ancora sua madre...».

Il digiuno di riconoscimenti paterni ha fatto di me un uomo insicuro, ma mi ha anche fornito gli anticorpi per sopportare ogni successiva umiliazione. A te rischia di accadere il contrario. L'indigestione di applausi che per contrasto ti procurerò potrebbe renderti fin troppo sicuro e però più fragile di me di fronte alla sconfitta.

Immagino il padre come una ringhiera che segnala un limite e al tempo stesso protegge dal rischio di cadere. Ma la ringhiera è magica. L'amore la arrotonda fino a trasformarla in un ponte. E le arcate di quel ponte sono i tasselli dell'eredità morale che il padre avrà trasmesso al figlio con l'esempio.

Che cosa mi ha trasmesso mio padre?

Il senso del limite. E il virus del tifo. La prima volta che mi sono inoltrato in uno stadio, è stato con lui. Quel catino di passioni non sempre pulite mi aveva fatto sussultare. Ero scattato in cerca di un appiglio e lo avevo trovato nella sua mano. Ancora oggi, ogni volta che entro in un luogo affollato, sento la mano di mio padre che mi introduce agli inferi con la segreta certezza che troveremo insieme una via d'uscita.

La passione per i dolci. Torte, gelati, torte-gelato, cioccolatini, pasticcini e biscotti: mi ha insegnato ad accoglierli tutti in bocca, senza discriminazioni. E poi una vecchia bilancia su cui continuo a pesarmi per nostalgia, nella speranza che l'ago si rompa, o si stufi, e scenda sotto gli ottanta chili. Al momento punta con ostinazione verso i novanta.

Il rispetto per l'autorità mescolato al gusto per l'anarchia. Il senso dello Stato e il culto del Superuomo. Cavour e Napoleone. Una contraddizione palese, difficile da spiegare.

Più di ogni altra cosa mi ha trasmesso l'amore per tua nonna. Assoluto. Disperato.

Si comincia a diventare padri quando si manda a stendere il proprio (tienilo a mente), ma io non ho mai trovato il coraggio di farlo. Ho indagato a lungo nella memoria, alla ricerca di un gesto. Avrò avuto undici anni e stavo provando a gonfiare un pallone. Spazientito dalla mia inettitudine, papà me lo aveva strappato dalle mani.

«Lascia fare a me» aveva detto.

Ero a un bivio decisivo. Contrappormi alla sua esibizione di potere, riprendendomi il pallone. Oppure lasciare a lui l'incombenza pratica di sistemarlo e rifugiarmi sul pianeta della fantasia, dove i palloni non si sgonfiavano mai e io li calciavo inesorabilmente in rete.

Avevo scelto la seconda strada.

Avevo scelto di delegare a mio padre la realtà e di tenere per me l'immaginazione.

Avevo scelto di non ribellarmi alla sua volontà di controllo.

Avevo scelto di essere succube, di essere dipendente, di essere figlio.

E mi ero ritagliato una realtà parallela in cui non sarei mai stato nessuna di queste cose.

Prometto che ti lascerò gonfiare palloni finché avrai fiato. Ma non posso fare a meno di chiedermi se, per sembrarti autorevole quanto lui, anch'io dovrò incuterti paura.

Nell'estate dei miei sei anni ero in un albergo della Val d'Ayas con mia madre e una sua amica. Papà ci raggiungeva nei fine settimana.

La mattina di un giorno feriale mi ritrovai a fare i capricci davanti a una tazza di caffelatte bollente. Non c'era verso di costringermi ad avvicinarla alle labbra. Fino a quando l'amica di mia madre vide entrare un signore corpulento nella sala delle colazioni.

«Massimo, c'è papà!»

Trangugiai il caffelatte senza neanche alzare la testa. Altrimenti avrei scoperto che non era mio padre, ma un turista scandinavo.

Sono grato al mio lavoro perché mi permette di raccontare le gesta di persone come Jase e il suo postino.

Jase è un bimbo scozzese che ha scritto una lettera di auguri al padre nel giorno del suo compleanno. Siccome però il padre era morto, ha consegnato la busta al postino con una preghiera: «Può portargliela in paradiso, per favore?».

Il postino ha preso nota e la madre di Jase lo ha ringraziato, convinta che la questione si sarebbe conclusa lì. Ma quando, tre giorni dopo, ha ricevuto un messaggio su carta intestata della Royal Mail, la posta britannica, si è messa il figlio sulle ginocchia e ha letto il testo assieme a lui.

«*Caro Jase*» diceva la missiva «*abbiamo consegnato con successo la tua importante lettera a papà. È stata una sfida complicata evitare le stelle e gli altri oggetti galattici, ma siamo riusciti a portare a termine la missione e faremo di tutto per continuare a garantirti il servizio in futuro.*»

Il mio amico Norberto sostiene che il postino avrebbe dovuto dilatare la sua impudenza fino a inventarsi una risposta del padre. Ma così il figlio non gli avrebbe creduto. A differenza degli adulti, i bambini sanno selezionare le bugie di cui fidarsi. Quelle a fin di bene andrebbero tutelate come patrimonio dell'umanità. E poi chissà se sono davvero bugie.

Nel caso in cui il postino scozzese passasse da queste parti, vorrei consegnargli un messaggio per mio padre.

«Stai per diventare nonno, papà. Spero che tuo nipote ti assomigli, ma non troppo. Sto per diventare padre, papà. Spero di essere un padre diverso da te. Ma non troppo.»

Tua madre si mette di profilo davanti allo specchio e sospira. Ti si comincia a vedere a occhio nudo.

«Non so come dirlo a Diego» mi confida. «Devo farlo, prima che se ne accorga.»

«Figurati se un bambino di sei anni si accorge che sei incinta» provo a rintuzzare la sua ansia, inserendo il rassicuratore automatico.

«Massimo, abbiamo un problema» mi sussurra Diego all'orecchio, qualche minuto dopo. «La mamma ha la pancia, secondo me aspetta un bambino. Ma il vero problema è un altro. Hai più pancia di lei, secondo me lo aspetti anche tu.»

MENO SEI

È arrivato il momento di presentarti il pezzo forte della casa.

Tuo fratello Diego, somma di Dio più Ego.

Una volta l'ho sorpreso a cantare un vecchio coro dei tifosi del Napoli: «Eò eò eò eò... Diegooo Diegooo».

Era convinto che lo avessero composto per lui.

Ma non pensare che si chiami Diego in onore di Maradona. Tua madre, anima candida, non distinguerebbe un calciatore da un culturista. (Non è così facile, in effetti.) Una sera è passata davanti al televisore mentre stavo guardando una partita del Barcellona di Messi e ha equivocato sulla scritta «Bar» all'angolo dello schermo: «Gioca veramente bene, questo Bari!».

Lo ha battezzato Diego per via di don Diego de la Vega, in arte Zorro, con cui il piccolo omonimo condivide la fulmineità dei movimenti e la frequentazione di sergenti sovrappeso come me.

«Massimo, hai più pancia tu o un mammut?»

«Ti ho già spiegato che i mammut si sono estinti.»

«Sì, però... se non smetti di rubarmi il budino dal frigo ti *estinterai* anche tu.»

«Finisci intanto di mangiare quello che hai nel piatto.»

«Sempre a darmi ordini! Guarda che non sei il Duce.»

«Chi ti ha parlato del Duce?»

«Nessuno.»

Diego è l'essere più omertoso del mondo.

«Vuoi che ti spieghi io chi era?»

«Lo so. Era un preside che, se non facevi come diceva lui, ti uccideva.»

«Si può sapere con chi hai parlato di queste cose?»

«Adesso finisco di mangiare. Ma solo perché, se tu fossi piccolo, saresti il mio migliore amico. Non perché me lo ordini. Tu non sei la mia mamma. E nemmeno il mio papà.»

In effetti l'ho conosciuto quando aveva poco più di tre anni e me ne sono subito innamorato. Narciso, fragile, pigro, prepotente, romantico, fantasioso. Non incastrabile in nessuno schema. Fallo giocare da solo e sarà felice. Fallo giocare con un altro bambino e scoprirà di poterlo essere. Ma fallo giocare con due bambini e si sentirà dispari, chiudendosi in un silenzio cupo e sdegnoso. Sto rivivendo la mia infanzia attraverso la sua.

Ha un padre che lo adora e, pur lavorando dall'altra parte del mondo, riesce a essere molto presente nella sua vita. L'amore sa infischiarsene dei fusi orari.

Per illustrarmi la geografia del suo cuore, una volta Diego mi ha mostrato il modellino di una barca a vela. L'uomo al timone era suo padre, la donna sdraiata a prendere il sole sua madre. Io e lui i due turisti che si abboffavano di dolci in cambusa.

Gli ho affibbiato un soprannome che lo fa ridere.

«Super Nano, nella tua barca non ti piacerebbe aggiungere un fratellino?»

Ci pensa un attimo.

«Sì, però... No.»

«Io avrei tanto desiderato un fratellino.»

«E allora perché la tua mamma non è andata nell'universo a prendertelo?»

«Ci è andata. Ma non è più tornata.»

«Dove sta adesso?»

«In cielo.»

«Quanti anni avevi quando è partita?»

«Tre più di te.»

Li conta con le dita. Uno, due, tre. Poi si alza di scatto e mi stringe le ginocchia.

«Non ti preoccupare. D'ora in poi sarò io la tua mamma.»

«E io il tuo migliore amico. Ci stai, Super Nano?»

«Ti va un po' del mio budino?»

«Solo un po', grazie. Se vogliamo che la pancia della mamma si ingrossi, bisogna che la mia incominci a ridursi, non trovi?»

«Sì, però... c'è un problema. Non vorrei che questo fratellino fosse una sorellina.»

«È sana ed è femmina!» sta urlando tua madre al telefono. Ha appena ritirato i risultati del genoma. Se lo sentiva, troppa nausea per essere un maschio.

«Mi stai dicendo che voi ragazze tendete a risultare indigeste ancora prima di nascere?»

Non resisto a sventolare le insegne sbiadite del maschilismo. La verità è che sono fuori di me dalla gioia. Dopo avere messo al mondo Diego, tua madre desiderava una bambina. E io più di lei, anche se prima di te non avevo ancora messo al mondo nessuno.

Noi padri (suona bene, vero?) siamo egoisti da millenni. Quando eravamo contadini volevamo figli maschi perché servivano braccia per i campi e per le guerre. Ma adesso che siamo narcisisti, preferiamo le femmine per potere contare su qualcuno che ci metta al primo posto.

Se non mi sopporti nella versione Orfano Vittimista, salta pure il prossimo capoverso.

Non sono mai venuto al primo posto. Ho sempre lottato per il podio e fatto incetta di piazzamenti, ma nessuno mi ha mai infilato al collo la medaglia d'oro. Neanche tua madre, per la quale giustamente viene prima Diego. Neanche Diego, per il quale giustamente vengono prima i suoi genitori. E neanche tu, se fossi stata un maschio, perché giustamente avresti dato la precedenza a tua madre.

Uno degli uomini migliori che conosco mi ha raccontato almeno settantasette volte di quando intercettò per caso una discussione tra la moglie e la figlia: «Mamma, non essere ipocrita, ammettilo che vuoi più bene a mio fratello che a me. D'altronde anch'io voglio più bene a papà che a te».

Procreare è una polizza contro la solitudine. Uno dei pensieri reconditi di ogni genitore è che un giorno i suoi figli si prenderanno cura di lui. Ma uno dei pensieri nemmeno troppo reconditi di ogni padre è che solo una figlia femmina lo farà davvero.

Il figlio maschio prolunga il cognome, mi dirai.

Di sicuro prolunga il maschilismo. Ma a me non importa del cognome: io credo nell'immortalità dell'anima, mica delle casate. Ti prometto che non sarò un padre oscurantista, bambina mia. Assolderò due agenti del Mossad per pedinarti giorno e notte, ma questo è un altro discorso. Attiene alla prevenzione.

Mi commuove l'idea che sarò io a condurti all'altare. Anche se, considerata la mia età e quella non meno veneranda a cui ormai ci si sposa, è più probabile che sarai tu a portare me. In braccio o dentro un'urna cineraria. Avremo tempo per pensarci. Adesso si profilano questioni più urgenti. Chi dirà a Diego che sta per raggiungerlo una sorellina?

Tuo fratello si trova nella fase in cui le femmine gli interessano meno delle macchine parlanti di *Cars*. Alla compagna di scuola che l'altro giorno gli ha sussurrato «ti amo», lui ha risposto «grazie». Neanche Dorian Gray sarebbe riuscito a essere altrettanto crudele.

«Amore, ne ho combinata una delle mie.» Tua madre al telefono, qualche minuto dopo. «Com'è che dite sempre, tu e Diego?»

«Le Avventure della Mamma!»

«Ho fatto confusione. La F del referto riguardava la paziente, cioè me. Sesso fetale: M.»

M

«Sei contento lo stesso, vero? Perché io sì.»

M

«Anch'io. L'importante non è il sesso. L'importante è che lei... lui stia bene.»

M

«E adesso come lo chiamiamo?» mi chiede.

Tua madre aveva pensato solo a nomi da femmina, garantendo a ciascuna delle sue amiche che la «bambina» si sarebbe chiamata come lei. La carta d'identità della creatura era andata così dilatandosi a dismisura: Chiara Elena Giulia Francesca Cherie...

«Dammi cinque minuti e ti faccio una proposta» le dico.

Vado su Google e scrivo: «I dieci nomi maschili più amati».

È la mia dannazione, non prediligo le nicchie. Però all'interno delle scelte di massa rivendico un approccio laterale. La mia attenzione viene attirata dai due che chiudono la classifica.

Tommaso e Niccolò.

Non ho dubbi. Se Niccolò ereditasse le mie insicurezze esistenziali, passerebbe la vita a ripetere a tutti: con due c.

E allora Tommaso. Come Taumà, che in aramaico significa «gemello». Apostolo di Gesù e padre del cristianesimo delle origini, quello gnostico. Quello perdente. Per sfregio lo hanno tramandato come uno scettico che si fidava solo dei sensi. Proprio lui, il mistico della compagnia. Il vangelo che porta il suo nome è poesia per lo spirito. Spero vorrai leggerlo con me, un giorno.

Come Tommaso d'Aquino, il dottore angelico, l'intelletto più raffinato del suo tempo. Un giorno la sua mente collassò ed ebbe una visione. «Tutto quello che ho scritto e insegnato, in confronto, è paglia» disse. Da quel momento smise di scrivere e persino di parlare. Ho visitato la cella dell'abbazia in cui concluse la sua vita in silenzio. Spero vorrai vederla con me, un giorno.

Come sir Thomas More, Tommaso Moro, il Socrate inglese condannato a morte per essersi rifiutato di rinnegare ciò in cui credeva. Il senso dell'umorismo lo scortò fin sul patibolo: «Il mio collo è corto» disse al boia «vedi di non sbagliare il colpo, ne va della tua reputazione». Ma prima di staccarsi dal resto del corpo, quella testa aveva reso immortale la parola più abbagliante e pericolosa che esista.

Utopia.

Un tempo l'isola ideale immaginata dal tuo omonimo mi incuteva paura. Come diceva Tolstoj, «gli uomini vogliono sempre cambiare il mondo e mai se stessi». Per questo il mondo non cambia mai.

A restituirmi un po' di fiducia è stato il libro di uno scrittore mitteleuropeo, Claudio Magris. Anche per lui l'utopia è un liquore troppo puro, che bevuto liscio porta alla follia di don Chisciotte e al fanatismo delle dittature, ma se viene corretto da una scorza di disincanto, allora può tramutarsi in un elisir di Vera Vita.

È meglio che tu lo sappia fin da adesso. La bacinella del barbiere non è un elmo, come vaneggia don Chisciotte, ma se ogni tanto non crederai che lo sia, la tua vita si ridurrà a ben poca cosa. A una trappola di bisogni senza sogni.

Ha ragione Eduardo Galeano (Tolstoj, Magris, Galeano: ti ho procurato dei Re Magi niente male). L'utopia è come l'orizzonte, fai due passi e si allontana di due passi, ne fai dieci e si allontana di dieci. A che cosa serve, allora? A camminare.

Spero vorrai farlo con me, un giorno.

«Sarà dunque un Tommaso?» chiede Norberto con quel tono di voce ineffabile che sembra contenere un giudizio.

«L'ho proposto a sua madre. Sua madre ha lasciato la scelta a Diego. E Diego ha dato il suo voto favorevole in cambio di due pacchetti di figurine. Alta politica.»

«Come ti senti a essere già stato piantato in asso da tua figlia?»

«Ti stupirai, ma sono contento che sia maschio. Di donne evolute ne conosco tante. Sono i maschi evoluti che mancano. Mi piacerebbe contribuire a forgiarne uno.»

«Ma chi vuoi forgiare, tu, che passi il tempo a togliere il budino di bocca a Diego?»

«Ho voglia di dolci, e allora? Sto pur sempre aspettando un bambino!»

«E stai anche diventando isterico come una gestante.»

«Farò di tutto perché lui sia più equilibrato di me. Un maschio femmina. Deciso ma gentile, profondo ma leggero, roccia ma poeta. Capace di sollevare un armadio e di muoversi come una piuma.»

«Io conosco solo maschi che si muovono come un armadio e non sanno sollevare una piuma.»

«Vorrei che da grande fosse capace di uscire da una relazione a testa alta. Che sapesse reggere il dolore del distacco senza diventare un persecutore, ma nemmeno una vittima.»

«Pretendi di sfidare le leggi della natura? Ogni amore andato a male rinnova il trauma primordiale che Tommaso dovrà subire tra pochi mesi. Il distacco dal grembo della madre.»

«Ha parlato l'esperto mondiale di gravidanze.»

«Oh, la mia la ricordo bene. Mi sentii abbandonato, anziché creato. Che momento terribile.»

«E questo giustificherebbe il fatto che per nove mesi hai telefonato alla tua ex tutte le sere alle 21 e 25?»

«Era l'orario in cui mi aveva lasciato. Sei un maschio femmina piuttosto arido.»

«Sei tu che concepisci l'amore solo come forma di possesso.»

«Io? Sono stati i poeti e i cantanti a inculcarci l'idea che la perdita del bene amato sia una mutilazione. È l'unica educazione sentimentale che abbiamo ricevuto.»

«Perché siamo figli di un modello patriarcale. Qualsiasi cambiamento richiederà il passaggio a uno matriarcale. Non più basato sul possesso, ma sull'accettazione.»

«Vuoi consegnare il poco potere che ci resta alle donne?»

«Non alle donne, ma al femminile che abita in tutti, uomini e donne.»

«Non ti illudere. Per quando Tommaso sarà grande, ai pochi maschi sopravvissuti sarà già stata imposta la depilazione obbligatoria. Lo sai che mia nipote ha un fidanzato di vent'anni che fa la pipì da seduto?»

«Una persona civile. Trasformare il bagno in un lago o lavarsi le ascelle soltanto nelle notti di luna piena non è un segno di virilità. Si può essere maschi anche con l'aspirapolvere in mano.»

«Purché si sappia da che parte prenderlo. Il maschio femmina, piagnucoloso e aggraziato, sarà la nostra rovina definitiva.»

«I peggiori disastri li hanno compiuti maschi invasati che, anziché piangere, godevano nel fare piangere gli altri.»

«Arrenditi, abbiamo già perso. Insegnerò a Tommaso a rassegnarsi all'unico ruolo che ci resta.»

«L'amico cinico e rompiscatole.»

«Il caricatore emotivo. Gli dirò: ogni volta che la tua ragazza avrà un problema, stringila tra le braccia e sussurrale: "Non preoccuparti, cara, andrà tutto bene".»

«Come Cary Grant in quelle commedie hollywoodiane che guardi di continuo quando nessuno ti vede?»

«Non domandarmi perché, ma funziona.»

A proposito di maschi evoluti, eccone due in azione.

«Massimo, è vero che Tommaso farà la cacca verde?»

«Puoi scommetterci. La cacca verde e le caccole del naso arancioni.»

Diego applaude di felicità.

«Mi prometti che mescoleremo la cacca con le caccole per vedere quale colore esce fuori?»

«Basta!» esplode tua madre. «Siete insopportabili.»

«Sì!» urla Diego. «D'ora in poi ci chiameremo così, vero Massimo? Gli Insopportabili!»

«Non sto scherzando» continua lei. «Quando arriverà Tommaso, a parlare di cacca e caccole sarete in tre... Io non ce la faccio. Io voglio una bambina!»

Diego la trapassa con uno sguardo improvvisamente severo.

«E no, mamma. Un terzo papà, no.»

Noi ridiamo. Ma lui, come tutti i grandi comici, rimane serio. Sbadiglia e si accascia sulla mia spalla.

«Mi porti a letto?»

Mezzo secolo dopo mia madre, ho di nuovo una famiglia.

Di quella da cui provengo rimane soltanto una bimba di novantacinque anni che non ricorda più neppure il mio nome.

MENO CINQUE

Come ogni mattina, anche oggi Madrina avrà chiesto con gli occhi la copia fresca del giornale, l'avrà stretta tra le dita deformate dall'artrosi e sarà partita alla ricerca delle sue cinque bambine.

Madrina era la migliore amica di mia madre. Non ha avuto figli, ma da quando ha oltrepassato il confine della coscienza ha smesso di uscire di casa e si è ritrovata in un mondo fantastico, popolato da bambine che si perdono e che tocca sempre a lei andare a riprendere.

Non saprei dirti che cosa veda sulla prima pagina del giornale. Una giungla di segni sfocati. O forse parole diverse, sconosciute. So che tiene stretto quel foglio come se fosse una bacchetta magica per entrare nell'Altrove in cui la sua testa ha preso dimora da qualche tempo.

Era una donna lucida e razionale. È diventata una piccola peste capricciosa che, come il Piccolo Principe, si rifiuta di rispondere alle domande.

I malati di Alzheimer chiudono il cerchio: escono dalla vita come vi erano entrati. Tra pannoloni e sorrisi sdentati, con lo sguardo smarrito in un mondo invisibile che, chissà, forse esiste davvero.

Da qualche giorno mi dibatto tra la vita e la morte. Un complotto di termometri orchestrato da forze oscure osa insinuare che la mia temperatura non abbia mai realmente superato i trentotto gradi. Che sono comunque tanti. Tantissimi. Tuttavia i medici convocati al mio capezzale insistono nel considerarla una banale influenza di stagione. Dilettanti o collusi.

Ho le ossa a pezzi. E la nausea. Tua madre sostiene che si tratti del primo caso di gravidanza di coppia. Pur di non perdere il centro dell'attenzione, mi starei attribuendo i suoi stessi sintomi.

Non per farti sentire in colpa, bambino mio. Ma, a causa dei tuoi movimenti da peripatetico della placenta, la tua coinquilina si rifugia in bagno a intervalli regolari, al punto che mi tocca quasi sempre usare quello di servizio.

All'ombra delle serrande abbassate, mi rigiro tra le coperte del mio sudario e tolgo il guinzaglio alle angosce. Un figlio ti proietta nel futuro e al tempo stesso ti ricorda che invecchi. Il suo essere vita ti induce a pensare alla morte.

Finora non avevo mai preso in considerazione l'eventualità di invecchiare. Appena raggiunta l'età adulta, avevo cominciato a considerarmi un ragazzino. In fondo era questo il patto che avevo stretto con il mio diavolo personale: niente figli in cambio della giovinezza eterna.

Uno dei vantaggi dell'avere limitato l'attività sportiva al minimo indispensabile (lievi rotazioni del polso per portare il cucchiaino dei dolci alla bocca) è che non sono mai stato costretto a misurarmi con il decadimento fisico. Ma ho fatto per gioco un test dell'udito e sono rimasto sconvolto nello scoprire che non riesco più a sentire i suoni percepiti dai trentenni.

Vorrei davvero essere un padre di trent'anni? Se ti avessi avuto a quell'età, adesso penseresti di me tutto il male possibile. Magari lo penserai lo stesso. Però all'epoca non avrei avuto scampo. Ero concentrato soltanto sul mio destino.

Il prolungamento dell'esistenza ci sta trasformando in pionieri alle prese con situazioni inedite, commoventi, paradossali. Nonni che mantengono i nipoti con i risparmi destinati ai figli. Madri che non escono più dal ruolo, come certe vecchie attrici che rinviano di continuo il ritiro dalle scene. E figli che rimangono tali per tutta la vita, costretti anche da pensionati a giustificarsi con la mamma per non avere indossato la maglietta.

Un monologo esilarante di Mattia Torre racconta di come i figli invecchino i genitori. Ma io voglio ringiovanire per te. Per tenerti in braccio fino a quando ti addormenterai. Per giocare insieme durante il breve periodo in cui rappresenterò il sole delle tue giornate. E per non essere completamente rincoglionito quando tu sarai diventato abbastanza grande da non avere più il coraggio di rinfacciarmelo.

«La paternità è una di quelle malattie che è meglio fare da piccoli.»

«Grazie per l'incoraggiamento, Norberto.»

«Ti ricordi una Pasqua in montagna, quando tirammo le sette del mattino in discoteca e poi salimmo in macchina con la musica a palla e alle nove eravamo già sulle piste da sci, rintronati di vino e caffè? Avevamo vent'anni, allora, e la natura ci aveva dato quelle energie per accudire la prole. Adesso non le abbiamo più. Adesso siamo rintronati e basta.»

«Parla per te.»

«Ma se non ti reggi in piedi! C'ero anch'io al Circo Massimo, domenica scorsa, quando Diego ti è montato a cavalcioni e ti ha costretto a correre intorno come un cavallo. A metà del primo rettilineo avevi già la lingua di fuori. Che cosa farai tra qualche anno, quando a chiedertelo sarà Tommaso?»

«Gli dirò di saltare in groppa a Diego.»

La febbre è scesa a trentasei e sette, ma sospetto che si tratti di una mossa dei medici per indurmi ad allentare la guardia. Si sa quanto le ricadute possano essere letali.

Incurante dei rischi di un contagio, tua madre è tornata a sdraiarsi accanto a me e ha preteso che le mettessi un orecchio sulla pancia.

«Lo senti?»

No, ma sento il suo odore di pane buono. Ancora lo stesso di cui mi sono innamorato.

Che influsso avrà la tua presenza sulla nostra vita sessuale? Riusciremo ancora a fare l'amore, quando saprò che sei uscito da lì? Per ora sei un rigonfiamento nel suo ventre che dovrebbe commuovermi, ma non sempre ci riesce.

«Si è mosso. Lo senti?»

Sì, adesso ti sento, e appena tua madre si avvicina a me con intenti seduttivi, vengo assalito dalla paura di schiacciarti. Oppure ho paura che sia tu a schiacciarmi sotto il peso delle responsabilità? Sarò ancora capace di vivere con me, adesso che mi toccherà vivere per te?

Apro *Il codice dell'anima* di James Hillman alla pagina su cui ho incollato un Post-it arancione.

«*Quando mio figlio diventa la mia ragione di vita, significa che ho abbandonato la ragione invisibile della mia vita.*»

Per Hillman un genitore che ha rinunciato ad ascoltare la voce della propria anima non potrà tollerare che il figlio sia un entusiasta, un romantico, un idealista. Non potrà sopportare nulla che gli ricordi il suo tradimento.

Però un figlio richiede tempo. Vuole essere guardato. E pretende l'esclusiva. Non gli basta un occhio, reclama anche l'altro. Tutti quelli che ci sono passati dicono che ti spolpa e che non potrai mai più essere quello di prima.

Sarà dunque per questo che non ho fatto figli fino alla mia età? Che la metà dei miei amici non ha fatto figli a nessuna età? Per paura di non essere più quelli di *prima*, siamo disposti a non avere un *dopo*?

Mi consola la speranza che l'amore per un figlio resti la più formidabile sostanza dopante reperibile sul mercato. Altrimenti la storia che ti sto per raccontare non sarebbe mai potuta succedere.

C'è una signora americana con una rara malattia nervosa che le impedisce di reggere qualsiasi peso, persino quello della sua borsetta. Un giorno è in viaggio con il figlio e la loro jeep ha il pessimo gusto di forare in mezzo al deserto. Il ragazzo si sdraia sotto l'auto per cambiare la gomma, ma il cric cede di schianto e la carrozzeria gli precipita sulle gambe.

La madre getta un urlo e uno sguardo disperato all'orizzonte, pregando che arrivino i nostri, come nei western. Ma non arriva nessuno, nemmeno gli indiani. Così la donna che non sopporta il peso della sua borsetta afferra il parafango della jeep e lo tiene sollevato quanto basta per consentire al figlio di uscire dalla trappola.

Anche a questo serve l'energia dell'amore,

Tommaso. A mettere e a rimettere al mondo un figlio tutte le volte che puoi.

Un giorno scoprirai come la convalescenza che segue l'attacco febbrile sia una delle esperienze più deliziose della vita. Non sei ancora abbastanza in forma per sentirti obbligato ad assumerti le tue responsabilità, ma ti ritrovi invaso da una sensazione irresistibile di rimonta che ti porta a gustare le gioie di un buon libro sorseggiato con calma nell'intervallo tra due budini e due pisolini.

Sul letto incombe una pila di manuali dedicati ai bebè. Voglio studiare le tue mosse, mio caro.

«*A discrezione del medico, il taglio del cordone ombelicale potrà essere affidato al padre.*»

Ma scherziamo? Imbranato come sono, rischierei di tagliarti qualcos'altro. Non voglio che tu venga al mondo recando già addosso le stimmate della mia incompetenza.

«*L'indice di Apgar si basa su cinque parametri: battito del cuore, respiro, tono muscolare, riflessi, colorito. Perché il neonato sia in buona salute deve avere la media del 7.»*

E l'indice del neopapà? Ne faranno uno anche a me per valutare se sono in grado di ambire all'incarico? Immagino i cinque parametri: autorevolezza 4, affidabilità 4, affetto 8, sensibilità 7, resistenza 6. Si può essere un buon padre con la media scarsa del 6?

«*Nella seconda settimana di vita il bambino piange un'ora e tre quarti al giorno. Nel terzo mese scende a un'ora e un quarto.*»

E nel cinquantottesimo anno?

«*Gli alimenti più graditi durante lo svezzamento sono quelli che il piccolo ha già gustato attraverso il liquido amniotico.*»

Tua madre non fa che ingozzarsi di patatine unte e salamini al colesterolo. Crescerai con gli occhi a forma di hamburger e nel tuo sangue troveranno tracce di ketchup?

«*L'ansia da separazione compare a otto mesi ed è dovuta all'affacciarsi della consapevolezza di non essere in simbiosi con la madre. Intorno ai dodici mesi l'ansia retrocede e il bimbo tor-*

na socievole: sa riconoscere una persona e fare ciao con la manina.»

Io non riesco a ricordarmi le facce delle persone neanche adesso. E non so fare ciao con la manina. A livello evolutivo, mi colloco tra gli otto e i dodici mesi.

«*Dai due ai sei anni il bambino è incentrato su se stesso e incapace di vedere le cose da una prospettiva che non sia la sua.*»

Mi correggo: tra i due e i sei anni.

«*Nei primi giorni di vita è già in grado di riconoscere la voce della mamma. Quando lei lo vezzeggia, il suo corpo viene percorso da brividi impercettibili di piacere.*»

Scusate se oso intromettermi, ma nella vostra storia d'amore ci sarebbe un ruolo anche per me?

«*È importante che il papà si prenda cura del figlio cambiandogli il pannolino e facendogli il bagnetto.*»

Fammi capire, Tommaso. Appena nato cominci già a flirtare con la mia compagna (comportamento oltremodo scorretto, ne converrai). E pretendi pure che io, oltre a reggerti il moccolo, ti tolga le mutande sporche e ti pulisca il sedere?

Ho intervistato un padre che si è preso il congedo parentale per occuparsi di suo figlio mentre la madre è al lavoro. Ma io non credo che riuscirei a fare il mammo.

Sento un coro di voci nella testa: occuparsi di tuo figlio si chiama fare il papà, non il mammo. Non esistono cose da maschi e cose da femmine.

Sono d'accordo, ma dipende dal carattere dei coniugi. Con lo sterminio della famiglia estesa, che bene o male aveva tirato su decine di generazioni, ogni coppia è lasciata a se stessa e deve trovare al suo interno la soluzione migliore.

Io sono contento di essere stato svezzato da mia madre. Papà non aveva le caratteristiche giuste e infatti quando si ritrovò da solo combinò parecchi disastri, più dal punto di vista affettivo che pratico (carne in scatola ripassata in padella a parte).

Proverò a essere un padre affettivo. Sul pratico, nutro seri dubbi. Sono un imbranato cronico, ma posso imparare a metterti i calzini prima dei pantaloncini e soprattutto a non metterteli sopra i guantini.

Però la natura ha le sue regole. Uscirai dalla pancia di tua madre, non dalla mia, e nei primi mesi questo particolare avrà la sua importanza. Sarà il suo odore a calmarti, non il mio. Saranno i suoi seni a sfamarti, per quanto anche i miei abbiano una certa capienza. Sarà il suo corpo che ricercherai, quando muoverai le manine per tastare una parete che non c'è più. E sarà tua madre a mancarti quando, per superare il trauma del distacco, avrai bisogno di un peluche o di una coperta di Linus.

Io sarò una delle tue coperte di Linus, ecco.

Ma è inutile farsi illusioni. La mia naturale tendenza al disimpegno non potrà durare a lungo. Il mio ruolo sarà destinato a crescere, mese dopo mese. Potrò sfangarla soltanto per qualche tempo, grazie ai consigli degli amici maschi. Nelle loro parole ritrovo un'eco di solidarietà di genere che ormai non esiste più neanche nel calcio.

Se il bambino piange nel cuore della notte, tu fingi di dormire fino a quando lei non si alza. Solo a quel punto apri un occhio e bofonchia con aria dolente: «Tesoro, vuoi che ci pensi io?».

Mi raccomando: se è inverno, aspetta per sicurezza che si sia già infilata la vestaglia, altrimenti potrebbe ancora accettare l'offerta.

Appena vieni chiamato in causa, combina disastri. Non dovrebbe essere troppo difficile per te. Vedrai che da quel momento sarai lasciato in pace per manifesta inettitudine.

Sui manuali ho letto che la tua psiche si formerà nei primi tre anni. Dopo non farai che ripetere gli stessi schemi di comportamento per tutta la vita. Per tre lunghissimi anni dovrò dunque stare attento a ogni cosa che ti faccio e ti dico? Non sarebbe meglio che mi trasferissi all'estero fino al segnale di cessato pericolo?

A proposito, ho deciso che ti parlerò fin da subito con la mia vera voce. Detesto quei maschi assertivi che davanti a un bebè si trasformano in caricature e pigolano idiozie senza senso. Che cosa penseresti di tuo padre, se ti trattassi come uno scemo, trattando da scemo anche me? Per adesso tutto ciò che posso darti è il mio timbro da baritono stonato.

E l'avrai.

Appena le mie condizioni di salute, tuttora delicatissime, lo hanno permesso, sono andato da Madrina per gridarle nelle orecchie che presto avrebbe avuto un nipote.

Lei non ha smesso di guardare il suo giornale neanche per un attimo.

«Ciao carina!» ha bofonchiato.

Doveva essere passata a trovarla una delle sue bimbe e si stavano facendo un sacco di smorfie.

Osservala con gli occhi del cuore, Tommaso. Fluttua già in quell'Altrove da cui provieni anche tu.

MENO QUATTRO

È notte alta e sono sveglio, come canta il Poeta.

Tua madre continua a rigirarsi nel letto, prigioniera di ansie che affondano in un passato di cui non faccio parte. Il suo ventre, gravido delle tue promesse, è segnato dalle cicatrici indelebili di una perdita e, in una notte come questa, lei non può fare a meno di pensarci.

Domani affronteremo la madre di tutte le ecografie.

La Morfologica.

Ricaveremo indiscrezioni fondamentali sulla conformazione del tuo cranio e la lunghezza dei tuoi femori. Sullo stato di salute di tutti i tuoi organi.

Dopo averti seguito fin qui con il distacco affettuoso di un osservatore, è come se solo adesso stessi prendendo coscienza che verrai al mondo davvero. Il buio di questa stanza non dovrebbe essere poi tanto diverso da quello in cui ti muovi. Sollevo le ginocchia al petto, tasto l'aria con le mani e immagino di essere te.

Perché sei sceso tra noi? Che cosa ti aspetti di trovare? Hai una missione da compiere? Ma sopra ogni altra cosa, adesso, mi interessa sapere se hai tutti i pezzi a posto, certificati e in regola. Confido di lasciarti il più tardi possibile, ma non potrei sopportare che mi piantassi in asso prima tu.

Tua madre si sveglia e riaccende il computer. Assieme alla tua gravidanza, sta portando avanti quella di un libro. Lo aveva interrotto alle avvisaglie del concepimento, ma il mese scorso le hanno prospettato la possibilità di partecipare a un premio importante, il cui bando scadrà proprio nella settimana in cui dovresti venire al mondo.

Ha deciso di provarci e io sono stato così disinvolto da incoraggiarla.

Il romanzo che ti sta scrivendo addosso racconta di un incendio, e di genitori e figli che non hanno più tempo per dirsi tutto ciò che si sono sempre taciuti. Possono solo comunicare con i gesti. Quando la vita e la morte si accostano fino a toccarsi, si smette di pensare e si comincia a sentire. L'amore, quello assoluto, senza condizioni.

Mi precipitano addosso i frammenti di tante storie vere incrociate negli anni. Tengo a bada le più aspre e le più dolciastre. Ma non resisto alla tentazione di perdermi in quella che il suo protagonista ha definito «assurda e meravigliosa».

Paolo Simoncelli era il padre di Marco, un campione di moto destinato a diventare un fenomeno, se non fosse morto talmente giovane da trasformarsi in un mito.

A qualche anno di distanza, Paolo ha trovato la forza di tornare sul circuito malese di Sepang, la striscia di asfalto dove gli occhi di suo figlio si erano posati per l'ultima volta. Chiudo i miei e lo osservo scendere dall'aereo assieme alla moglie, con il fuso orario nelle ossa e un nodo di ricordi nel cuore.

Vengono avvicinati da una ragazza del posto. Ha lo sguardo basso che lotta con la timidezza. Spiega di avere comprato un guanto di Marco da un commissario di gara. Paolo non si sorprende. Ovunque vada, è abbordato da qualche tifoso inconsolabile che gli mostra una reliquia presunta del figlio. Il particolare del guanto però lo incuriosisce. Di solito li vendono in coppia. Perché quella ragazza ne ha comprato uno solo?

Lei lo estrae dalla borsa e Paolo lo riconosce. Non è un guanto qualsiasi. È proprio uno di quelli che Marco indossava al momento dell'impatto. Il destro si trova già a casa, al sicuro. Ma il sinistro non era mai stato recuperato.

Ora è tra le mani tremanti di questa giovane donna che sembra quasi scusarsi per avere osato tanto. Avendo saputo che i genitori del campione sarebbero arrivati con quel volo, è venuta all'aeroporto per restituire qualcosa che aveva custodito per loro.

Paolo cerca le parole per dirle grazie. Ma per fortuna non le trova e la stringe in un abbraccio.

Immagina, Tommaso. Due estranei che si abbracciano nella sala arrivi di un aeroporto malese con un guanto tra le mani.

A volte la vita sa essere davvero così: «assurda e meravigliosa».

«Manina» intima tua madre, mentre si sdraia sul letto della morfologica in compagnia dei suoi fantasmi.

È la prima parola che pronuncia da quando siamo usciti di casa.

A riprova della solennità del momento, ho appena deciso che non toccherò più un dolce fino alla Tartufata del tuo primo compleanno.

Arriva il dottor M. e l'atmosfera si trasforma. Ha le maniche del camice arrotolate e una matita dietro l'orecchio. Più che un luminare, mi ricorda un droghiere.

Appena lo vede, tua madre si rilassa e sorride.

Io sorrido, ma non mi rilasso per niente.

«Lei sarebbe il padre di questa creatura?» indaga il dottor M.

«Così dicono.»

«Se ne dicono tante.»

«Come sta?» domando ansioso.

«Ma come vuole che stia? Sempre qua dentro, da mattina a sera.»

«Il bambino, intendo.»

«Ah, lui? Mangia, dorme, va di corpo e non deve neanche tirare l'acqua. I problemi cominceranno quando verrà fuori.»

«Intendevo... ha tutte le cose al loro posto?» e nel chiederlo quasi mi vergogno.

«Come no. La vede la prima gamba? Bene, qui ci sarebbe la seconda. E mica sono finite. Guardi in mezzo: la terza!»

Il dottor M. gode fama di essere il più formidabile ecografista della Capitale. Sembra dottor House doppiato da Alberto Sordi.

«Non mi dica che anche voi del Nord conoscete la terza gamba!»

«Che cosa crede? Abbiamo fatto progressi rispetto a quando ci dipingevamo la faccia di blu.»

Il dottor M. non ne pare troppo convinto, ma abbozza per educazione.

Le sue dita esperte percorrono il ventre di tua madre come una tastiera che produce immagini anziché suoni. Un tocco e ti giri su te stesso. Un altro e apri le manine. Sembri perfetto, ma fin troppo docile per i miei gusti. Non sei ancora nato e già qualcuno ti sta costringendo a fare quello che vuole.

Pare proprio che tu abbia ricevuto in dotazione il fisico inossidabile dei *Superpigiamini*, gli unici cartoni animati che hanno il potere di ridurre Diego al silenzio.

Ma la tua mente?

Non hanno ancora inventato una morfologica delle emozioni che ci dica quanto sarai fragile. Se le sofferenze ti piegheranno o ti renderanno invincibile.

Scoprirai presto che la vita è una corsa a inseguimento con il dolore prodotto dalla verità. Ma arriva sempre il momento in cui la verità ti raggiunge. Se la accetti, ti accorgi che puoi sublimare il dolore, sciogliendolo al sole della consapevolezza. Come Marguerite Yourcenar fa dire al suo imperatore Adriano: «*Persino immerso nella sciagura più tremenda, ho percepito l'istante in cui lo sfinimento le sottraeva un poco del suo orrore, in cui la facevo* mia *accettando di accettarla*».

Accettare di accettare la realtà. Ecco ciò che distingue un uomo libero da uno schiavo, il quale la realtà la subisce, imprecando e lamentandosene di continuo, ma senza fare nulla per cambiarla e rimanendo in attesa che qualcun altro lo faccia per lui.

Il dolore è la smagliatura che lo Sceneggiatore Supremo inserisce nella trama della vita per darti l'opportunità di stimolare una parte di te che altrimenti rimarrebbe atrofizzata. Può essere la perdita di un affetto, una malattia, una disfatta economica o sentimentale. Nell'esperienza di ciascuno c'è un buco incomprensibile, una ferita che continua a sanguinare e a cui imputiamo i nostri fallimenti. Ma quella voragine di strazio, che nel giudizio degli uomini appare un'ingiustizia, agli occhi dell'Universo è solamente una prova. Non esistono graduatorie, anche se ciascuno di noi è portato a pensare di avere avuto in sorte la peggiore.

Di fronte alla sofferenza che cerca di cambiarti la vita, puoi rifugiarti nella routine, nel mugugno, nei paradisi artificiali. Oppure, se ne hai la forza, puoi accogliere la sfida. In quel caso il risultato importerà poco. Conterà di più il fatto di non avere rinunciato.

Da giovane invidiavo le esistenze tranquille e ne avrei augurata una simile a tutte le persone che amavo. Adesso so che, se alla fine della tua vita sarai identico a com'eri quando l'hai incominciata, la vita ti sarà servita a poco.

Ma nel caso tu sprofondassi nelle sabbie mobili di una dipendenza estrema, io saprei aiutarti?

Ho letto fino ad appannarmi gli occhi la storia del padre che entra di notte nel boschetto milanese di Rogoredo alla ricerca del figlio. Impossibile non sintonizzare il proprio cuore sul suo, mentre si aggira in quella radura punteggiata di siringhe e popolata da spettri, sperando di trovarlo e al tempo stesso di non trovarlo. Impossibile non commuoversi quando finalmente lo vede, in piena crisi di astinenza, e si lascia estorcere i venti euro per la dose, voltandosi dall'altra parte al momento del buco.

Si starà chiedendo perché è toccata a lui, dove ha sbagliato e come può ancora salvare il suo ex bambino che sognava di diventare uno chef, prima di perdersi nelle nebbie dell'adolescenza e interrompere le comunicazioni.

Il mio adorato Hillman direbbe che sono domande sbagliate. Che un figlio non è soltanto il prodotto del Dna dei genitori e dell'ambiente in cui è cresciuto, ma di un terzo fattore innato, che i greci chiamavano *dáimon* e i latini *genius*. Un bosco magico e misterioso in cui il padre e la madre non possono entrare.

Le chiavi di accesso le possiede solo il mentore. L'estraneo di riferimento, come lo psicologo che ha trovato l'approccio giusto per scardinare le difese di un'altra anima smarrita nel bosco di Rogoredo e l'ha salvata.

Un padre non può salvare suo figlio. Può solo amarlo senza capirlo. L'amore più potente e straziante che esista.

«Amen!»

«Stavo parlando a cuore aperto, Norberto.»

«Appunto.»

«Pensi che la vita e il dolore non abbiano senso?»

«Sei tu a farmi senso, ogni volta che ti atteggi a padre nobile di Tommaso. Appena qualche bambino – e magari in seguito qualche bambina – lo farà soffrire, rinnegherai le tue prediche e ti getterai nella mischia in sua difesa.»

«Che cosa c'entra? La sofferenza è necessaria, ma è normale che un genitore si sforzi di tenerla lontana il più possibile da suo figlio.»

«Sei incoerente.»

«E tu disumano.»

«Aveva ragione Platone: se i figli venissero tolti alle famiglie e cresciuti dallo Stato, avremmo una società più giusta.»

«Ma come sarebbe la vita senza gli stimoli che ti dà un figlio?»

«Uguale alla mia. Ti sottopongo a un test per capire se sarai veramente in grado di occuparti di Tommaso. Primo quesito: gli insegnerai a disobbedire?»

«Gli insegnerò a obbedirsi.»

«Stai svicolando. Se la maestra lo sospende dopo l'ennesima marachella, tu ti arrabbi con il piccolo teppista o con chi ti ha certificato che lo è?»

«Dipende dall'entità della marachella.»

«Lo vedi? Ti sei già calato nella parte dell'avvocato difensore. Pronto a prostituirti pur di elemosinare il suo affetto e difendere la tua tribù. Sai qual è il sogno indicibile di ogni professore? Una classe di orfani.»

«Sei cinico e anche un po' macabro. La verità è che ci vorrebbe una scuola per genitori e invece ognuno si deve aggiustare con quello che ha. Come nel bricolage.»

«Andiamo avanti. Il pupo ti manca di rispetto a tavola. Lo spedisci a letto senza cena?»

«Lo lascio mangiare e poi lo metto in castigo in camera sua.»

«Così si chiude dentro a chiave e comincia a navigare su internet con il telefonino.»

«Gli sequestro il telefonino.»

«Così passi per cerbero.»

«Glielo lascio e poi glielo controllo.»

«Così dirà che non hai fiducia in lui e si atteggerà a martire della privacy con i suoi amici, tutti dotati di genitori più democratici di te che gli lasciano fare quello che vogliono.»

«Parlerò con i genitori dei suoi amici.»

«Risparmiami le chat dei genitori, ti prego! L'unica ragione per cui la Bibbia non le ha inserite tra i flagelli divini è che neanche gli estensori di un testo tanto ispirato potevano immaginare che la depravazione degli esseri umani si sarebbe spinta fino a tal punto.»

«Le eviterò come la peste, promesso.»

«E prometti che non gli insegnerai a copiare? Che non seguirai le orme di quella professoressa di matematica sorpresa a passare le equazioni al figlio sul telefonino?»

«Anche volendo, non potrei. In matematica avevo 3.»

«E non imiterai nemmeno quel padre che, pur di evitare un compito in classe al figlio, ha fatto evacuare il liceo con una telefonata anonima in cui annunciava la presenza di una bomba nelle cantine?»

«Ma è il mondo alla rovescia! A casa il figlio avrà punito il padre sequestrandogli la PlayStation.»

«Parli così perché Tommaso è ancora nella pancia della madre. Appena ne uscirà, diventerai il suo zerbino. Ricordati: il bullismo è una reazione alla mancanza di autorità di voi adulti.»

«Mio figlio non diventerà un bullo.»

«Gli stamperai un ceffone sulla faccia quando se lo meriterà?»

«Finché sarà piccolo, mai. E dopo non avrò più le energie per darglielo.»

«E se avesse un problema serio, ripeteresti a pappagallo la frase con cui ci hai fracassato l'anima nei tuoi libri: *nella vita si diventa grandi nonostante*?»

«Non è mia, ma di un professore, guarda caso.»

«Mi spiace, non hai passato il test. Pregherò Platone di prendersi cura lui di tuo figlio.»

Non sarà che *si rimane grassi nonostante*?

L'astinenza dolciaria non ha ancora prodotto risultati apprezzabili sull'ago della mia bilancia. Forse sto entrando in modalità *attesa*: mi sono tornate la nausea e una certa voglia isterica di attaccare briga.

Tua madre invece sembra più serena. L'esito della morfologica ha dissolto i suoi fantasmi e mi ha appena chiesto di accompagnarla in centro per andare a comperarti la culla. Eccomi al volante, mentre imposto uno slalom tra le rinomate buche della Capitale, dove mi trovo imprigionato per amore.

Un crepaccio più profondo degli altri si spalanca all'improvviso sotto i nostri sguardi atterriti. Per la prima volta sono davanti a una scelta che può mettere a repentaglio la tua vita. Scansare la voragine scartando di lato, con il rischio di farci speronare dalla macchina che vedo incombere nello specchietto? Oppure schiacciare il freno e scivolare lentamente dentro la buca, nella speranza di riemergere con le tue fragili ossa ancora intatte?

Scelgo la seconda opzione, mentre tua madre punta i piedi e si aggrappa alla maniglia laterale, trattenendo il fiato in attesa dell'impatto.

Ci inabissiamo nella buca per ricomparire in superficie pochi giri di ruote più tardi, miracolosamente integri.

Spero tu abbia dei buoni ammortizzatori esistenziali, Tommaso. Ti serviranno in qualunque città.

MENO TRE

«Massimo, mi racconti dello Scagazzone Verde?»

Stanza di Diego, interno notte.

Diego sotto le coperte a fari spalancati.

Massimo sul bordo del letto in eruzione creativa.

«C'era una volta un fratellino che mangiava frullato di asparagi al sapore di carciofo e beveva un caffelatte fatto con pipì di ramarro e piselli tostati. Così quando andava in bagno gli scappava la cacca verde.»

«Daccapo. Versione lunga, però.»

La versione lunga è la preferita di Diego, ma te la risparmio, anche perché tu non ci fai una grande figura. A un certo punto diventi completamente verde e cominci a zampillare cacca dalle orecchie. Lì tuo fratello raggiunge l'estasi e si addormenta.

Per fargli digerire l'arrivo in casa di un nuovo inquilino, vostra madre ha giocato la carta dell'accoglienza.

«Avrai un compagno di giochi con cui divertirti, un cucciolo che ti adorerà e che ti toccherà proteggere.»

«Che bello! Quando se ne va?»

La carta dell'accoglienza non ha funzionato benissimo, così la gestione della crisi è passata a me. Ho ribaltato la strategia, adottando uno schema tipicamente maschile. Competitivo e conflittuale.

«Super Nano, tu e io siamo una squadra, vero?»

«Gli Insopportabili.»

«E la nostra missione qual è?»

«Fare danni alla mamma.»

«Giusto. Perciò lei ha chiamato rinforzi.»

«Lo Scagazzone?»

«Starà con lei. Contro di noi.»

«Sì! Mi prometti che non lo lasceremo mai entrare nella nostra squadra?»

«Te lo giuro sugli orecchini della mamma che ieri abbiamo nascosto nel freezer.»

Adesso tuo fratello non vede l'ora di conoscerti.

Ogni tanto affiora qualche passaggio a vuoto, come quando ha tentato di inerpicarsi sul vecchio passeggino, sostenendo di non potertelo prestare perché gli serve ancora. Ci sono voluti cinque minuti per disincagliarlo, ma nel complesso l'idea della guerra per bande sta funzionando a meraviglia.

Anche il suo rapporto con la madre si è ricomposto, da quando lei ha sottoscritto un accordo capestro che nei prossimi anni, temo, ti toccherà rinegoziare.

«Mamma, di' pure a Tommaso che vuoi bene a tutti e due. Però io e te sappiamo che ne vorrai sempre un po' di più a me.»

Dopo la firma del patto segreto, Diego ha persino accettato che venisse allestita una stanza in tuo onore, purché più piccola della sua. Per arredarla, tua madre ha chiesto aiuto a tua nonna. Pare che abbia molto più gusto di me.

La tua camera avrà le pareti giallo vaniglia e l'abat-jour con un orsacchiotto di peluche aggrappato allo stelo che mi assomiglia tantissimo. E avrà un letto con la sovraccoperta azzurra sul quale spero trascorrerai molte ore a non fare nulla.

Mi piacerebbe che tu imparassi a ballare, a suonare uno strumento e a praticare uno sport. Ma se ti dedicherai a tutte queste cose, dove troverai il tempo per annoiarti e fantasticare, che a me invece non è mai mancato?

La tua camera avrà giocattoli costosi con cui non giocherai mai. E un oggetto di scarso valore che per te conterà tantissimo.

Il mio era un fazzoletto a pois appartenuto a mia madre: lo sbattevo contro l'armadio e intanto immaginavo di essere un telecronista sportivo. Chissà quale sarà il tuo. Spetterà al tuo genio della lampada – al tuo *dáimon* – deciderlo. Perché è attraverso quell'oggetto che il talento per cui sei venuto al mondo comincerà a esprimersi.

La tua camera avrà una libreria che nel corso del tempo diventerà la tua autobiografia parallela. L'unico muscolo che sono stato capace di allenare è l'immaginazione. E si tratta di un esercizio ginnico riservato ai lettori.

Quando guardi una storia, qualcun altro ha già deciso per te che cosa farti vedere. Ma quando la leggi o la ascolti, sei tu a creare le immagini. Nondimeno sei condannato all'incomunicabilità, perché la stessa parola può assumere un significato diverso per ciascuno dei tuoi interlocutori, e anche per ciascuno dei tanti «io» che abitano nella tua mente.

L'unico linguaggio veramente universale sono i gesti d'amore incondizionato. Hanno un alfabeto tutto loro. Lo stesso delle favole, della musica e dei miti. Un alfabeto fatto di simboli che comunica direttamente con il cuore.

La tua camera avrà una poltroncina su cui tua madre e io ci siederemo per leggerti a voce alta la prima favola della tua vita. Vorrei che fosse *Pinocchio*. L'ho promesso a uno scrittore che mi era amico e maestro, Carlo Fruttero.

«La letteratura italiana non ha avuto Emma Bovary e nemmeno Raskol'nikov» mi diceva quell'uomo che aveva letto più libri di chiunque altro. «Ma ricordati che Pinocchio, col suo irresistibile naso, è lì tra loro, per sempre.»

Ho provato a farlo conoscere a tuo fratello. Per l'occasione avevo rispolverato l'edizione rilegata a fascicoli che mio padre collezionò in edicola una settimana dopo l'altra, con l'ostinata metodicità del suo carattere. Ci siamo sdraiati sul lettone e ho aperto lo scrigno delle parole. Un adulto legge la favola più bella del mondo a un bambino. Sembrava un format televisivo, ma uno di quelli che vengono subito sospesi per mancanza di pubblico. Diego si è distratto prima ancora che Pinocchio venisse al mondo e, mentre Geppetto discuteva con mastro Ciliegia, ha esclamato: «Che pizza 'sti due vecchietti, quando arrivano i dinosauri?».

Ci riproveremo, magari assieme a te.

Mi piacerebbe farti assaggiare anche *Il Piccolo Principe*, benché Fruttero lo detestasse. Lo trovava lento e mieloso. Stentava a capire che cosa ci trovassi io di così speciale.

Proverò a spiegartelo. Quel piccolo alieno è il bambino che ogni adulto è chiamato a risvegliare dentro di sé. Il *dáimon* di cui parla Hillman. Il seme di eterno che è in noi.

La tua camera avrà uno scaffale per i libri di scuola. Sperimenterai che, appena la lettura comincia a diventare un dovere, smette di essere un piacere. Ma che anche un dovere può rivelarsi un piacere, e forse soltanto in quel caso servirà a qualcosa.

A che cosa serve la scuola?

«A niente» mi ha risposto con tono sprezzante un ragazzo che una volta intervistai perché aveva guadagnato un mucchio di soldi. «Se avessi studiato, non sarei mai arrivato dove sono.»

Non lo attraversava il sospetto che magari avrebbe avuto una vita migliore.

Era quello, invece, l'assillo del tuo bisnonno tranviere, il padre di mio padre, che trascorreva le domeniche in osteria a cantare con il fiasco in mano. Che suo figlio potesse avere una vita migliore della sua. Denaro e gratificazioni, certo. Ma anche quei codici segreti che aiutano a decifrare il mondo, e che a lui erano stati negati. Poco prima di morire, vide *I fratelli Karamazov* alla televisione e volle che mio padre gli spiegasse per bene tutta la storia, perché riusciva ad avvertirne la bellezza, ma non a capirla e tantomeno a esprimerla.

Qualcuno ti dirà che la scuola serve solo se riesce a trovarti un lavoro. Non credergli. La scuola serve se riesce a fornirti gli strumenti per gestire un sentimento, smascherare un ciarlatano e ammirare un tramonto, non solo una vetrina.

Chiedilo a Nayak, a che cosa serve la scuola.

Nayak è il fruttivendolo analfabeta di un villaggio sperduto dell'India orientale. E desidera che i suoi tre figli possano frequentare quel mondo di segni e di sogni per il quale gli è mancato il biglietto di ingresso. Ma l'unico cammino praticabile è una trappola infinita di rocce acuminate. Ogni mattina i suoi ragazzi impiegano tre ore per andare in classe e tre per tornare a casa. Così Nayak prende il piccone e comincia a costruire un altro sentiero. Da solo. Per due anni e sette chilometri, giorno dopo giorno e centimetro dopo centimetro, scava nella pietra sottraendo tempo al riposo e ai piaceri della vita. Perché per lui non esiste piacere più grande che tracciare una linea retta fra il suo villaggio e la scuola.

Oppure chiedilo a Nelson, l'adolescente del Mali affogato nel Mediterraneo dopo essere scampato a guerre e privazioni.

I sommozzatori recuperano il suo corpo in fondo al mare e lo chiudono in un sacco nero che finisce sul tavolo di un laboratorio. Frugando all'interno della sua giacca, la dottoressa italiana che lo sta esaminando non trova denaro, documenti, fotografie e nemmeno, come spesso capita, un sacchetto di sabbia della sua terra natale. Trova una cucitura e, dentro, un pezzo di carta ripiegato con cura.

Bulletin scolaire.

Era la sua pagella, Tommaso. Una serie di parole sbiadite in colonna, scritte in arabo e in francese: matematica, lettere, fisica, scienze. Nelson considerava la pagella il suo lasciapassare per il futuro. Era quel foglio di carta che avrebbe potuto testimoniare i suoi sforzi, le sue capacità e la sua voglia di trovare un angolo di pace nel mondo.

Nei momenti di sconforto ti verrà da chiederti: Che razza di posto è quello in cui un ragazzino sente il bisogno di dimostrare agli altri che non è un rifiuto? Ma nei momenti di speranza ti verrà da pensare: Ah, se anche da noi la scuola tornasse a essere ciò che era per Nelson. Uno strumento di riscatto. Un orgoglio da cucirsi sul petto, come una medaglia.

La tua camera avrà una scrivania e una sedia sempre pronta per il tuo amico del cuore.

«Norberto, va bene che mi hai fregato la sedia, però potresti almeno togliere i piedi dalla *mia* scrivania?»

«Perché? Tu li usi, quando scrivi.»

«Secondo te mio figlio riuscirà a frequentare i social – o come diavolo si chiameranno, quando avrà il permesso di usarli – senza percepirli come un ritrovo di amici veri?»

«Ti illudi. Nel mondo di Tommaso tutto succederà lì dentro. Amori, tradimenti, divorzi. Vietato incontrarsi e annusarsi di persona. Ci saranno i socialcornuti e i socialtroni: anzi, quelli ci sono già.»

«Hai notato che nelle chat nessuno cambia mai parere? Ma la vita reale non funziona così. Dopo un po' ci si stufa di essere rigidi e ci si abbraccia. O ci si picchia per poi abbracciarsi.»

«Tu non mi hai mai abbracciato.»

«Però non ti ho mai nemmeno picchiato.»

«Una volta, a otto anni. E avevo ragione, ricordi?»

«No.»

«Nemmeno io. Però ricordo che avevo ragione.»

«L'amicizia ha una componente non eliminabile di fisicità. Richiede tempo e concentrazione. Come dice la volpe del Piccolo Principe...»

«No, dai. Pensa la faccia che farebbe Fruttero.»

«La volpe, Norberto, diceva che gli uomini come te comprano dai mercanti le cose già fatte. E siccome non esistono mercanti di amici, gli uomini non hanno più amici.»

«I mercanti di amici esistono eccome. E offrono i loro servizi gratuitamente sul web.»

«Quando qualcosa è gratis, significa che la merce in vendita sei tu.»

«Pagheresti per essere mio amico?»

«Pagherei per trovare qualcuno che ti sopportasse al mio posto.»

«Immaginavo. Il nostro è sempre stato un rapporto sbilanciato. Chissà come parlerai di me al tuo piccolo alieno.»

«Gli dirò: "Zio Norberto è uno che non c'è mai, tranne quando ne hai bisogno".»

«Davvero? È la cosa più bella che abbia mai sentito sul mio conto. Da chi l'hai copiata?»

La tua camera avrà una porta-finestra per prendere luce. Mi piacerebbe che tu imparassi l'arte di stare da solo, ma che tenessi sempre un occhio al di là del vetro.

Quando uno si sente male non ha voglia di conoscere persone nuove. Non cerca stimoli, ma conferme. Legge e ascolta solo chi già la pensa come lui. Affida il suo voto a personalità grossolane, illudendosi che i conflitti epocali si possano mettere in riga con una battuta. E interpreta la vita come un selfie perenne, un mondo di emozioni blindate in cui ci si isola dagli altri non alzando muri, ma specchi.

Siamo abbagliati dal mito della purezza. Il linguaggio della pubblicità e quello comune ne fanno largo uso: puro oro, pura lana, puro amore. Ma la vita è contaminazione, è sporcarsi di continuo con l'imprevisto. La vita è movimento. L'esatto opposto della purezza, statica per natura.

Jung diceva che l'obiettivo di ogni esistenza umana non è la perfezione, ma la completezza. Il migliore augurio che io possa farti è di vivere imperfetto e di morire completo.

Ottantadue virgola tre.

La bilancia non ansima più sotto il mio peso e

il muro degli Ottanta si avvicina. Sono i miracoli della paternità. Più tua madre si ingrossa, più io rimpicciolisco. Mi piace pensare che sto trasferendo i miei chili in eccesso a te.

Se ne è accorta addirittura mia suocera, che si aggira per la tua stanza con il passo della conquistatrice di imperi. Storicamente sono sempre piaciuto più alle madri delle mie donne che alle loro figlie. Era inevitabile che l'unico rapporto fertile della mia vita facesse eccezione.

Tua nonna materna ha appena varcato la nuova soglia della maturità, i settant'anni, ed è obiettivamente uno schianto. Una volta, mescolando maschilismo e galanteria, le ho detto che avevo deciso di sposare sua figlia dopo avere visto lei.

«Non illuderti» mi ha risposto. «Con tutte le schifezze che mangia, alla mia età non sarà certo come me.»

I primi tempi non le piacevo proprio. Troppo vecchio, troppo grasso, troppo lontano dal suo ideale di genero, un incrocio tra la faccia di Brad Pitt e il portafogli di Donald Trump. E ancora non aveva scoperto che ero stato dallo psicanalista. Un'ammissione di debolezza inconcepibile per lei. Ma col tempo ha imparato a sopportarmi. Persino a volermi bene, come succede alle persone allergiche ai gatti, a furia di trovarseli tra i piedi.

Però il mio consanguineo che predilige sei tu. È impressionante come il tuo avvento mi stia facendo perdere posizioni nelle graduatorie affettive di tutti. Ormai mi trovo al secondo o terzo posto persino nella mia.

Tua nonna e tua madre hanno disegnato due alberi sulle pareti della tua camera, lasciando uno spazio sopra il letto per il contributo artistico di Diego. Una tela grigia su cui tuo fratello vergherà una calda poesia di benvenuto. Tutti in famiglia si aspettano qualcosa di tenero e commovente. Soltanto io sono a conoscenza della verità, ma il giuramento degli Insopportabili mi inchioda al riserbo.

Un lettore mi ha raccontato di avere trovato nella cantina del nonno, scomparso di recente, uno scatolone di lampadine bruciate, accompagnato da un biglietto scritto a mano: *Casomai in futuro inventassero un sistema per ripararle*. Mi sembra di vedere quell'uomo mentre accatasta oggetti inutilizzabili in un angolo della cantina con la speranza segreta che un giorno potranno servire ancora. Se non più a lui, a chi verrà dopo.

Qualcuno interpreterà il suo gesto come un rifiuto del consumismo. Qualcun altro come un afflato di tirchieria. Io invece vi avverto la fiducia nel futuro.

Il posto in cui verrai al mondo è uscito dalle macerie di una guerra, grazie a persone che ragionavano così. Statisti che inseguivano obiettivi e non sondaggi, imprenditori che rinunciavano agli utili per tradurli in investimenti, banchieri che prestavano denaro senza passare subito all'incasso, famiglie che risparmiavano sui cappotti dei figli, ma non sui loro studi. Milioni di appassionati della vita che coniugavano i verbi al futuro, pur sapendo che non lo avrebbero goduto, ma soltanto propiziato.

Proprio ieri si è fulminata la lampadina del bagno. Stavo per andare a buttarla e invece ho deciso di dare anch'io un contributo alla tua stanza. L'ho infilata dentro il primo cassetto dell'armadio. *Casomai.*

Il momento è solenne.

Diego, emozionatissimo, indugia davanti alla tela. È coperta da un panno, il cui candore appare impreziosito da una sequenza creativa di manate d'inchiostro. Sotto l'esile strato di stoffa si cela il capolavoro a cui il giovane artista ha lavorato in gran segreto nel fine settimana, rinunciando a rivedere per la dodicesima volta *Jurassic Park*.

Sono tutti in attesa. I nonni, tua madre e una sua amica gallerista, convocata per l'occasione. Tocca a lei l'onore di sollevare il panno.

Fratellino caro
se il tuo sedere perde
corri subito in bagno
a far la cacca verde.

A beneficio degli analfabeti di ritorno, ma anche di quelli di sola andata, ai lati della tela affiorano le sagome di un sedere, di un water e di un faraglione di popò.

La gallerista apprezza. Diego schiamazza, il nonno strabuzza e la nonna stramazza. Quanto a vostra madre, per mantenere l'assonanza dovrei dire che sghignazza.

«Il testo lo hai ispirato tu, vero?» mi chiede.

«Non l'ho ispirato. L'ho dettato.»

«Sapevo che non avresti resistito alla tentazione di prendertene il merito.»

MENO DUE

Preceduto da un corteo di nausee, ti avvicini ogni giorno di più e io sono troppo distratto dallo spettacolo per riuscire ancora a guidare. Ma sono anche troppo pigro per muovermi a piedi e troppo affezionato alla prostata per farlo in bici. Il mio mezzo di trasporto preferito è diventata la metropolitana.

Stamattina sono quel signore in piedi *senza quasi più un filo di pancia* che oscilla a ogni sussulto del treno, mentre cerca di scrutare sul quadrante apposito quante fermate manchino alla sua. Fatico a restare aggrappato ai sostegni: ho le mani gonfie, ma nonostante sia all'ottavo mese nessun passeggero si è ancora degnato di cedermi il posto.

Una ragazza seduta in fondo al vagone mi scruta come se fossi l'ultima boa prima dell'oceano della sua disperazione. Quando qualcuno mi pianta gli occhi addosso, penso sempre di avere uno strappo nei pantaloni o un cingolato di pustole sulla fronte. Dimentico che a intervalli settimanali espongo la mia faccia in televisione.

Ho un certo seguito tra le signore diversamente giovani. Una sera, in mezzo alle lettrici in fila per il firmacopie, ne svettava una che abbassava drasticamente la media. Arrivato il suo turno, aveva sfoderato la copia del libro già aperta sulla pagina che avrei dovuto macchiare con la mia dedica.

«Come si chiama, signorina?»

«Non è per me. È per mia nonna.»

Questa ragazza della metropolitana ha una tendina di capelli castani che le cade sugli occhi mentre si piega in avanti nello sforzo di scrivere a velocità supersonica. Poi si alza di scatto e punta verso di me. Sospetto che comincerà a parlarmi di sua nonna e invece mi spinge un pezzo di carta tra le mani, prima di scaraventarsi verso la porta d'uscita. Un attimo dopo è già un ricordo sbiadito.

Scorro il foglio, la pagina strappata di un'agenda. È attraversato da parole sghembe, scritte in rosso. Un indirizzo di posta elettronica lascia intendere che l'autrice della missiva si aspetta una risposta.

Non sono soddisfatta della mia vita, la abito come un tunnel infinito. Da tre anni in questa metropoli, mi guadagno da vivere facendo la puericultrice, il mestiere per cui ho studiato, in mezzo a persone che mi riempiono la mente e non soltanto le tasche. Ma al mio paese ho tutto. Famiglia, fidanzato, serenità. Non riesco a decidermi. Se torno, mi aspetta una vita umile, ma facile. Se resto, potrei averne una piena, ma complicata. Preferisco stare bene dentro un'esistenza banale che avere tante soddisfazioni materiali e stare male. Però certe volte penso il contrario. Lei che cosa mi consiglia?

Calliroe92

Nel tentativo vano di dissuadermi dal tenerne una sul giornale, Norberto paragona la posta del cuore alla scalata di un Ottomila, con valanghe e crepacci sempre in agguato. A ogni passo si rischia la scivolata nella retorica e nel senso comune. Soprattutto si rischia di passare per un pessimo sherpa che dà indicazioni sbagliate. Non basta essere precipitati tante volte e miracolosamente sopravvissuti per avere in tasca una mappa che consenta di arrivare in cima senza farsi troppo male.

Ma qualcosa dovrò pur rispondere a Calliroe92. Prendo appunti sul taccuino, tra una frenata e l'altra. E mi accorgo che, nello scrivere a lei, sto parlando a te.

Sei al bivio del nostro tempo, ma forse di tutti i tempi. Chiusura o apertura, quiete o movimento, radici o ali. Mettiti il cuore in pace. Qualsiasi scelta farai, arriverà sempre il momento in cui rimpiangerai quella che hai scartato. L'Ulisse di Omero brama di rivedere la sua isola. Ma l'Ulisse di Dante non vede l'ora di lasciarla per rimettersi in viaggio.

Le navi sono più al sicuro in porto che in alto mare, però restare ormeggiate non è il loro destino. D'altra parte non tutti gli uomini sono navi. Si possono compiere imprese strabilianti anche a chilometro zero. Una delle mie frasi preferite, attribuita ai Cavalieri della Tavola Rotonda, recita: «Siamo stati costretti ad andare in cerca di avventure perché non eravamo più capaci di viverle nei nostri cuori».

Mi rendo conto che non ti sto aiutando a scegliere. O forse sì. A fare la differenza non è mai la decisione in sé, ma l'atteggiamento con cui la affronti. Se a ispirartela sarà la paura di perdere, qualunque cammino intraprenderai ti porterà a sprofondare nelle sabbie mobili del tuo scontento. Se invece ti lascerai guidare dal coraggio, ogni scelta si rivelerà giusta e perfetta. Anche se in un primo momento dovesse sembrarti sbagliata.

Come si fa ad affidare una scelta al coraggio anziché alla paura? Ti rivelerò un piccolo segreto. Quando mi trovo a un bivio importante e non so dove andare, chiudo gli occhi e divido idealmente il mio corpo in tre parti: pancia, testa, cuore.

Faccio silenzio e mi metto in ascolto. Prima scarto i suggerimenti che arrivano dalla pancia, i più rumorosi e impulsivi. Poi escludo quelli della testa: talvolta saggi e sempre formulati con garbo, ma impersonali. Solo allora, tacitate le emozioni e i pensieri, riesco a sentire il flebile ma infallibile sussurro del cuore. La voce dell'intuizione. Qualche volta persino a darle retta.

L'altoparlante annuncia il termine della corsa. Erano alcuni minuti che la voce dell'intuizione mi sussurrava di alzare gli occhi dal taccuino. Non le ho dato retta e mi ritrovo al capolinea. Ma non preoccuparti, io sono come Ulisse. Ci metto del tempo, ma ritrovo sempre la via di casa.

Tu e tua madre siete una pancia bellissima, sdraiata sul letto come una balenottera spiaggiata. Non vedo l'ora di riprendere il largo con voi.

Incespico in una valigetta azzurra. Contiene i generi di prima necessità che vi serviranno in ospedale. Tua madre la trasporta per tutte le stanze e ogni tanto aggiunge qualcosa. Ho già contato sei ciucci, due romanzi e quattro pigiamini, uno dei quali personalizzato da Diego con una caccola di benvenuto.

Mi viene il dubbio, ma forse è un'ispirazione, che dovrei prepararti una valigia anch'io. Non per quando nascerai, ma per quando avrai raggiunto quell'età ingannevolmente adulta in cui tutto ridiventa confuso.

C'è un baule appartenuto a mia madre che mi ha seguito nei traslochi di tutta una vita, senza contenere mai altro che polvere. È arrivato il momento di affidargli una missione. Dopo averlo riempito e sigillato a dovere, lo restituirò alla penombra del garage. Ma gli toglierò la chiave. Quella resterà in un cassetto e sarà il mio regalo per il tuo quattordicesimo compleanno.

2033.

Forse ci sarò ancora, ma chissà in che stato mi troverò. Carlo Fruttero si era accorto di essere vecchio il giorno in cui sorprese due amici a parlare di lui: «Hai notato com'è ancora lucido?».

E chissà in che stato si troverà il mondo, nel 2033. Robot, deserti, gocce di ricchi in un mare di poveri. Così suggerisce la logica. Ma la logica non ci prende quasi mai. Quando ero ragazzo, si pensava che nel 2019 gli uomini avrebbero vissuto sulle astronavi, non dentro i social. E invece guardati intorno, appena potrai. Il pericolo vero non sono gli invasori col gommone, ma gli invadenti con lo smartfòne. Dove c'è campo non c'è scampo.

Comincerò col dirti che cosa non intendo mettere nel tuo baule.

La proprietà di qualche azienda. Non ne ho. Così mi eviterò l'imbarazzo di togliertene il timone, qualora mi accorgessi che non sei la persona giusta per occuparsene. I figli che ereditano gli incarichi dai padri sono quasi sempre un guaio per le famiglie e per le nazioni. L'Impero romano ha dato il meglio di sé nel secolo di Adriano, quando il potere non veniva trasferito al consanguineo, ma al più meritevole.

Eviterò di metterci i valori, e non solo quelli quotati in Borsa. I valori sono come i sentimenti. Appena li ostenti, evaporano. Andrebbero inoculati con un'educazione a bocca chiusa, al massimo qualche cartello come nei film muti. Niente prediche, solo esempi. Non dire: «Leggi», ma leggere. Non dire: «Spegni il telefonino a tavola», ma spegnere il proprio.

Rinuncerò anche alla tentazione di infilarci qualcuna delle mie idiosincrasie. Per le stracciatelle in brodo, per i rapper che parlano soltanto di soldi, per gli individui arroganti e grevi. Dovrai scoprire da solo che in un mondo in cui la volgarità viene spacciata per sincerità, il sorriso può diventare l'abito dei miti, inteso come plurale di mite e forse anche di mito.

Mi guarderò bene dal metterci le raccomandazioni di senso comune. *Sii gentile, sii onesto, sii ironico*. Tutti sono convinti di essere ironici onesti e gentili, compresi i cafoni disonesti e pieni di sé. Anzi, soprattutto loro. Ti dirò soltanto: *sii consapevole di non esserlo, perché è in quel momento che lo diventerai*.

Come vedi, non ho molte cose da infilare nel tuo baule. Mi accontenterò di metterci le poche che potresti non trovare altrove. A cominciare dalla risposta a Calliroe92 sulle scelte di coraggio. Se l'avessi avuta sottomano negli anni del mio apprendistato esistenziale, mi sarei evitato una mezza dozzina di errori gravi. Ne avrei fatti altri, ma almeno sarebbero stati i *miei* errori. Invece ho lasciato che a dettarmeli fossero il caso e le compagnie. Preferirei che tu imparassi a trasgredire per conto tuo e non per essere accettato dal branco.

Inventario baule Tommaso 2033

Un disco, *The Dark Side of the Moon* dei Pink Floyd

Per me è musica classica. Aperture e suggestioni che ti tolgono il fiato. È anche il primo album che ho comprato con i risparmi sulle paghette paterne, nella primavera dei miei quattordici anni. In realtà è molto di più. È un disco in vinile logorato dall'uso. E noi questo siamo, Tommaso. Dischi in vinile pieni di righe e di ditate, su cui la puntina della vita scivola precaria, limitandosi di solito a produrre un fruscio. Ma per qualcuno la puntina è troppo pesante, o la riga troppo profonda, e allora il disco si incanta.

Ciascuno di noi è un disabile emotivo che ogni

giorno sale sulla carrozzella dei suoi sensi feriti e comincia a spingere. Ma ricordati che la disabilità non è una malattia. È una condizione. Proprio come la vita.

Un pezzo degli scacchi, il cavallo

Se i pedoni e gli alfieri si muovono senza mai potere cambiare direzione, il cavallo è l'unico che scarta e sorprende. Tienilo a mente, specie quando, lasciando l'età dell'incoscienza per entrare in quella dell'ansia, conoscerai anche tu la società degli *X Factor*, dove uno su mille ce la fa e i novecentonovantanove esclusi restano a inveire sulla tastiera. Vittime da sacrificare sull'altare di un dio pagano ferocissimo, la Competitività, che fa dipendere il tuo successo dalla sconfitta di qualcun altro.

Pochi si salvano: i più intraprendenti e i più ammanicati. Alcuni scappano a cercare altrove la strada di casa. Ma la maggioranza va a ingrossare le file dell'esercito di chi dice che questo mondo è diventato troppo ingiusto per non essere anche sbagliato.

Quando ti senti sotto scacco, prova la mossa del cavallo. Sottraiti al gioco della competizione, allontanati dalla ressa e galoppa verso territori inesplorati. Non perdere tempo a fare meglio degli altri quello che fanno già tutti. Prova a fare meglio che puoi qualcosa che non ha ancora fatto nessuno.

Un film, *Big Fish* di Tim Burton

Potrai vederlo senza piangere? Io non ci sono ancora riuscito. E sì che lo ripasso una volta all'anno per fare il pieno di energia. Un padre che racconta la sua vita al figlio, infarcendola di aneddoti e personaggi fantastici: streghe, giganti, pesci che sputano fedi matrimoniali. E il figlio, dopo avere passato l'intera giovinezza a non credergli, alla sua morte scopre che era tutto vero. Non *esattamente* vero. Ma vero come può esserlo il mito che rielabora i fatti e ne coglie l'essenza, trascinandoli fuori dalle convenzioni dello spazio e del tempo. Il padre era *davvero* speciale, aveva *davvero* amato sua madre in modo incondizionato e si era *davvero* circondato di amici strampalati e generosi come lui. Quando capisce tutto questo, il figlio fa anch'egli qualcosa di straordinario. Racconta a suo figlio le storie di suo padre, rendendolo così immortale.

Chissà se un giorno anche tu parlerai di me a tuo figlio. Non credo che riuscirò a conoscerlo, a meno che tu sia un padre molto più precoce del tuo. Ma quello che adesso vorrei dire a te, e magari anche a lui, è di imparare a parlare tra voi prima che sia troppo tardi.

Delle tante ore che ho perduto, una di quelle che rimpiango di più è l'ora della verità che non ho trascorso con mio padre al tramonto della sua vita. Avevamo continuato a rinviare la resa dei conti, a fingere che ci sarebbe stato ancora tempo per dirsi le cose che non ci eravamo detti mai. Avremmo potuto illuminare i punti oscuri della biografia familiare. Rivelarci qualcuna delle tante bugie con cui ci eravamo tenuti a bada.

Riavvolgere insieme il nastro, forse comprendere il senso di tanti sbagli e perdonarci a vicenda. Salutarci bene, e davvero.

Il biglietto di una partita, Toro-Juve 3 a 2

Non è il caso che tu vada a vederla su YouTube. Rideresti di quei calciatori esili, di quei ritmi assopiti. Rideresti di me. Ma fidati del mio racconto, perché è solo quello che conta: perdevamo due a zero contro la squadra più forte dell'epoca – la Juve di Boniek, Paolo Rossi e Platini – e in due minuti abbiamo segnato tre gol.

Io ero allo stadio, ma non ne ho visto neanche uno. Ogni volta che la palla si avvicinava alla porta della Juve come attratta da una calamita invisibile, chiudevo gli occhi e mi limitavo ad aspettare l'urlo che un attimo dopo mi avrebbe trasportato in paradiso. Non so spiegartelo: l'aria era pervasa da una sensazione di inesorabilità. Era folle, ma era così e non poteva essere altrimenti. Tre gol in due minuti, l'ultimo in mezza rovesciata, col pallone sospinto in rete da un ragazzo che si chiamava Fortunato e non aveva mai realizzato nulla di simile in tutta la sua vita.

Quel giorno ho compreso che si può rimontare l'impossibile. Basta smettere di pensare che lo sia. Basta alzare la testa e asciugarsi gli occhi per vedere sorgere l'onda e salirci sopra senza farsene disarcionare.

Una cartina geografica comprata a Sydney

C'è il Texas sotto il Messico e l'Africa sopra l'Europa, Palermo sopra Milano e Vladivostok sotto Capo Horn. Dall'Australia il mondo lo vedono così.

Ogni tanto la guardo per ricordarmi che ogni giudizio e ogni pregiudizio dipendono dal punto di osservazione. Quante fazioni si affannano a sventolare la verità unica e assoluta, come se si trattasse della cima di un monte conquistabile soltanto dalla loro cordata. Invece la verità è più simile a una piazza che si può raggiungere da strade diverse. Il segreto sta nel trovare la tua, sperimentandone il più possibile, finché non incontrerai quella che ti risuona dentro.

Una poesia, *If* di Kipling

L'originale è insuperabile, ma voglio divertirmi ad aggiungere qualche altro *Se* per te.

Se saprai stare da solo senza sentirti isolato.
Se coltiverai l'autostima al posto dell'orgoglio.
Se la vista della sofferenza ti susciterà compassione e non pietà.
Se perdonerai senza rimuovere.
Se saprai essere devoto senza diventare servile.
Se apparterrai alle persone che ami senza pretendere di possederle.
Se sarai assertivo, ma non aggressivo, e saprai dominare le tue passioni anziché reprimerle.
Se imparerai a discernere, invece che a giudicare.

Se scorgerai la realtà dietro l'apparenza e l'unità dietro il gioco degli opposti...

Ma l'ultimo *Se* non può che essere quello originale.

Se riuscirai a riempire l'inesorabile minuto con un istante di sessanta secondi.

Il segreto è tutto lì. Da sempre gli uomini si domandano se esiste una vita dopo la morte, ma farebbero meglio a chiedersi se ne esiste una *prima* della morte.

Anche tu un giorno ti chiederai: «Ma quella che vivo è la vita o un sonno senza sogni?». Non tutti hanno voglia di svegliarsi. Alcuni preferiscono stordirsi: con emozioni violente e sostanze chimiche. La maggioranza si accontenta di distrarsi. Un'intera industria dello svago è stata costruita per consentirti di pensare ad altro, cioè a tutto tranne che al fatto che stai dormendo.

Qualcuno, quando proprio non ce la fa più,

va dallo psicologo. Ma per avere un po' di sollievo, non per curarsi sul serio. Semmai vorrebbe che fossero gli altri a prendersi cura di lui. Però neanche il più grande psicologo del mondo potrà mai svegliare la Bella Addormentata, che sarebbe la tua anima. Soltanto il bacio del suo Principe Azzurro. Tu.

Esistono due sistemi per destarsi. Il più comune è il dolore. Quando la sofferenza ti arriva addosso, o ti annichilisce o ti scuote. Ma io mi auguro che tu saprai svegliarti anche in modo meno violento, attraverso l'ascolto. Se il tuo cuore fosse un organo esterno, non sarebbe bocca, ma orecchio. Ascoltare. Sentire. Separare la tua anima eterna, cioè fuori dal tempo, dal tuo Io transitorio e mosso unicamente dall'istinto di sopravvivenza, perché spaventato dal suo destino di morte.

Se ci riuscirai,

tua sarà la Terra e ciò che essa contiene.
E quel che più conta, tu sarai finalmente un Uomo, figlio mio.

Mentre metto il lucchetto al baule, sento sul collo una gelida manina.

Tua madre.

«Ho dolori dappertutto e la testa che scoppia. Mi porteresti in ospedale?»

MENO UNO

Principio di gestosi.

Davanti ai medici ho fatto finta di sapere che cosa fosse e intanto smanettavo su Google in cerca di illuminazioni.

La gestosi è il nome che il diabete assume durante la gravidanza. Averne un principio non significa averla tutta. Significa soltanto che adesso ti dovrai sbrigare. Nell'ultima foto che ti hanno scattato nel tuo nascondiglio, non sembri così smanioso di venire fuori. Hai una data di consegna e intenderesti rispettarla.

Nel tuo comportamento riconosco qualcosa di familiare. Ricordi il filmino della mia infanzia in cui mi rifiutavo di entrare in acqua di slancio? Non ti ho detto come andava a finire. Gli altri bambini si stufavano in fretta di stare a mollo e tornavano a giocare sulla battigia. Io, invece, una volta superata la repulsione a immergermi in tutto quel liquido, non volevo più saperne di uscire. Proprio come te.

La pressione minima di tua madre si è impennata fino a 100 ed è un pulsante che mette in moto la giostra dei suoi sensi di colpa. Lei non si perdona di avere mangiato troppe schifezze e si guarda di continuo le caviglie: non le aveva mai avute così gonfie. Cammina piano, con la faccia contrita, come se avesse paura di perderti a ogni passo. Segue le prescrizioni mediche con una precisione inedita e maniacale, nutrendosi di pollo sciapo e gallette di riso. Ma intanto riacquista colore, si sgonfia. La pressione accenna finalmente a scendere e con essa le possibilità di un parto anticipato.

Nascerai dunque come previsto, lo stesso giorno e mese di mio padre? Purché vada tutto bene, adesso va bene anche a me.

Diego e io, gli Insopportabili, inganniamo l'attesa sdraiati sul divano del salone, disputando una gara di smorfie. Vince chi riesce a fare ridere l'altro per primo.

«Massimo, appena diventi papà diventi anche serio?»

«Speriamo di no, Super Nano... Cioè, speriamo di sì... Vabbè, speriamo e basta.»

«A me vai bene come sei.»

«E come sono?»

Naturalmente non mi risponde. Prende dalla mensola la fotografia di mio padre e si mette a fare le smorfie a lui.

«Era davvero così cattivo?»

«Non era cattivo. Era mio papà.»

«Ma veramente quando non mangiavi ti sgridava?»

«Certo. Faceva la faccia truce e urlava: *Massimooo, mangia!*»

«Versione lunga.»

«*Massimooo, mangia la mela, altrimenti domani non ti porto alla partita!* Io protestavo e allora lui: *Massimooo!*»

«E perché non gli rispondevi: *Mangiala tu, brutto scimmione*?»

«*Brutto scimmione* a mio padre?»

«Eh» sogghigna, come chi è attraversato da un pensiero che lo attrae, ma di cui si vergogna. Sistema la foto di mio padre davanti alla faccia. Poi trasforma la sua voce bambina in un ruggito.

«*Massimooo, mangia la mela!*»

«Che cosa devo rispondere?»

«*Mangiala tu, brutto scimmione!*»

Da grande Diego farà lo psicoterapeuta.

«Va bene, ci provo... *Mangiala tu, brutto...* ma è mio padre!»

«Dai! *Massimooo, mangia la mela, altrimenti...*»

«*Mangiala tu, brutto scimmione!*»

L'ho detto. Ci ho messo cinquantotto anni, ma l'ho detto. E adesso vorrei abbracciarti, papà.

Ho tradito amici fidati come i budini e rinnegato un'amante morbida come la Tartufata, ma ne valeva la pena. Il mio metabolismo è cambiato e stasera l'ago della bilancia, dopo un breve braccio di ferro con se stesso, si è fermato a settantanove virgola nove. Non succedeva dai tempi del liceo. Vorrei annunciarlo a tua madre, ma si è addormentata con il computer sulle ginocchia.

Ha finito di scrivere il suo libro, poco fa. Un romanzo in cui racconta la morte mentre porta in grembo la vita. Io non ci sarei mai riuscito. Ero troppo impegnato ad abolire gli zuccheri. Sono un maschio e non chiedermi di fare più di una cosa alla volta.

Mi domando in che modo tu l'abbia ispirata. Riuscivi a parlarle da lì?

Le pastiglie hanno smesso di funzionare e la sua pressione è tornata a impennarsi. Per evitarvi anche il minimo rischio, la ginecologa ha deciso di tirarti fuori una settimana prima di quanto previsto dalla natura in combutta con mio padre. Proprio adesso che l'idea di festeggiare il tuo compleanno lo stesso giorno del suo stava cominciando a commuovermi.

E invece succederai domani.

Tolgo il computer dalla pancia di tua madre e ne prendo il posto. Accosto con circospezione un orecchio, stando attento a non svegliarla.

Tu invece sembri fin troppo vigile. Sento i tuoi calci, li vedo. L'effetto di un'onda quando il ventre si increspa. Questa è l'ultima notte che passerai nel paradiso personale di cui per tutta la vita avrai nostalgia. Ti immagino arrotolato come un uroboro, ma già con la testa all'ingiù, pronto a tuffarti nello stagno dell'umanità.

Giorni fa ho ripensato a un articolo che avevo scritto sul «Corriere» a commento di una fotografia e ho deciso di riaprire il tuo baule per metterlo dentro.

Un corsivo di papà, *Il vecchio e il mare*

Il signore è molto anziano, e ripreso di spalle su una spiaggia d'inverno, lo sguardo rivolto ver-

so il mare. Qualcuno a sua insaputa lo ha immortalato e diffuso sui social, questa portineria supersonica che accelera tutto, malvagità e meraviglia. Il cronista di una radio locale ha riconosciuto la spiaggia, è andato a vedere e lo ha trovato lì, come ogni mattina quando c'è il sole.

L'uomo che guarda il mare ha novantadue anni e abita nell'entroterra. Sale in macchina appena si sveglia e guida per una trentina di chilometri fino alla spiaggia. Prende il seggiolino di legno dal bagagliaio e lo trascina verso la battigia. Nella foto si possono scorgere i solchi sulla sabbia. Poi ci si siede sopra e rimane in silenzio, a volte per ore, con l'unica compagnia degli occhi e dei pensieri.

La distesa d'acqua cancella l'inganno del tempo. Il passato e il futuro perdono i loro veli e tutto diventa ciò che è: uno sconfinato presente dove il vecchio si rivede cameriere adulto, giovane migrante in miniera, bambino povero e infine anima avvolta nel liquido materno, il cui ricordo indefinito gli restituisce la sensazione familiare del mare e di quel che lo aspetta.

Come un ritorno a casa.

Ciascuno conserva in fondo al cuore la memoria di un luogo a cui desidera fare ritorno. In tutti i grandi romanzi di avventura, il punto di partenza coincide con quello di arrivo. Perché la vita dovrebbe fare eccezione?

Il pensiero di te mi trasmette una sensazione inedita di imperturbabilità. Forse sei un'anima antica.

Hai presente il mito platonico dell'auriga? L'anima che, prima di incarnarsi, attraversa l'Iperuranio a bordo di un carro lanciato al galoppo e sbircia le idee eterne di Armonia e Bellezza, il cui contorno sbiadito inseguirà per tutta la vita.

I desideri sono ricordi.

Devo essere caduto in fondo al carro sul più bello, perché non rammento che ombre. Ma mi piace pensare che tu abbia potuto rimirare con più calma la scena. Magari un giorno riuscirai a sognarla e me la racconterai.

Dimmi soltanto questo: i genitori si scelgono? Trovo terribile immaginare che un'anima decida di incarnarsi in un palazzo e un'altra in un tugurio. Però trovo ancora più terribile l'opzione opposta. Che ogni evento della tua vita, a cominciare dal primo, sia un prodotto del caso.

Ammettiamo dunque che per materializzarti tu abbia utilizzato consapevolmente tua madre e me. Resta da capire come mai proprio noi.

La scelta di tua madre mi sembra coerente. Lei è la madre che ogni figlio vorrebbe e tu forse arrivi da una vita di sofferenze indicibili. In questa avevi bisogno di premiarti.

Per garantirti comunque qualche sprazzo di inquietudine, ti sei rivolto a me. Un padre impegnativo, che da un certo punto in avanti sarà anche rincoglionito.

Mi senti? Prima che tu venga al mondo ti voglio fare una promessa. Stai per entrare in una famiglia caotica e improbabile, ma viva. A volte saremo duri con te, a volte confusi, però ti giuro che non saremo mai vuoti. Avremo sempre una fantasia, un'idea, un'ansia da imprestarti affinché il tuo cuore la indossi oppure la butti via. E nel buttare la nostra, riconosca la sua.

Adesso proviamo a dormire, bambino mio.
Abbiamo tutta la vita per imparare a svegliarci.

Mio caro amico,

tra qualche ora una creatura misteriosa proveniente da chissà dove penetrerà in casa tua a bordo di una culla e non ne uscirà più per almeno quarant'anni. Quando tu, anche se fossi ancora vivo e vegeto, saresti comunque più vegeto che vivo.

Se io credessi nelle utopie, direi che ti accingi a vivere il momento più bello della tua vita. Più della prima volta in cui hai visto una donna ricambiare il tuo sguardo con desiderio. Addirittura più del pallonetto millimetrico con cui Paolino Pulici abbatté Dino Zoff in un derby metafisico della nostra adolescenza.

Invece ti consiglio di osservare la scena con gli occhiali del disincanto.

Immagina di aprire la porta del tuo appartamento a uno sconosciuto che pretende di essere vestito e sfamato. E immagina che, anziché rin-

graziarti, lui si lamenti sonoramente a intervalli regolari e ti costringa a svegliarti nel cuore della notte, ogni notte, sconvolgendo i ritmi della tua vita per adeguarli ai suoi.

Immagina che lo sconosciuto cresca a vista d'occhio, che cominci a parlare per darti sulla voce e a camminare per rompere tutto ciò che di tuo gli capita a tiro.

Immagina che in cambio ti conceda la ricompensa di qualche sorriso, ma che un giorno getti la maschera e si mostri con il suo vero volto, pieno di brufoli, sostituendo i sorrisi con i ghigni e le parole con i silenzi e le porte sbattute.

Immagina che ogni tanto se ne vada, ma ti lasci in ostaggio la sua gemella invisibile, sorella Preoccupazione, che si esprime solo attraverso domande. Che cosa farà da grande? Che cosa starà facendo adesso? Dove sarà? Perché non chiama? Perché non torna? Perché è tornato, ma non mi vuole dire dove è stato né che cosa ha fatto?

Immagina di invecchiare incatenato a un cordino infrangibile che ti costringerà a dipendere dal suo umore e ti spingerà a fare per lui cose che per te rifiuteresti di fare.

Se sapessi che ti aspetta tutto questo, lasceresti entrare in casa quel piccolo alieno?

Ho il sospetto che la tua risposta sia un sì. Però poi non dirmi che non ti avevo avvertito.

Fai bei sogni (se riuscirai ancora a dormire),

Norberto

P.S. Ti voglio bene, paparino. E ti invidio un po'. Ma veramente pochissimo, non ti illudere.

Quando è stata l'ultima volta che ho fatto qualcosa per la prima volta?

Sala d'aspetto. Fuori piove un'acqua tiepida, caraibica. Accanto a me una signora diplomata in luoghi comuni racconta al telefono di come il clima sia cambiato e di quanta incoscienza ci voglia oggi per mettere al mondo un bambino.

Tu e tua madre siete già in sala operatoria e io sto aspettando che mi autorizzino a raggiungervi.

Inganno l'attesa leggendo notizie di calciomercato e tormentando il ciuccio di vetro azzurro che ho in tasca. Me lo ha regalato una signora del pubblico, in televisione. Da allora ho preso l'abitudine scaramantica di dargli un bacio ogni volta che parte la sigla e il sipario ancora mi nasconde alle telecamere. Mi servirebbe un sipario anche adesso.

Chiudo gli occhi e vedo mio padre, in un'altra epoca e in un'altra città, seduto davanti a una porta chiusa, oltre la quale sto per venire al mondo. E finalmente mi sento simile a lui.

Un amico ha scritto: *La vita è un gioco e vince chi rimane bambino*.

Ho giocato a rimanere bambino tutta la vita, ma tra poco arriverai tu e non potrò più permettermelo.

Un momento. Che cos'è, esattamente, che non potrò più permettermi? Di rimuovere, di scappare, di specchiarmi nelle mie paure. Questo abito che indosso da sempre e che all'improvviso mi sembra diventato troppo stretto, o troppo largo, ha un nome preciso.

Infantilismo.

Non c'entra niente con la bambinitudine.

La bambinitudine è lo stato di grazia che i bambini possiedono in modo inconsapevole e gli adulti si sforzano per il resto dei loro giorni di ritrovare. Non è un concetto, ma una predisposizione dell'anima alla scoperta. A vivere ogni volta come se fosse la prima. Le parole che più le si avvicinano sono: intuizione, presenza, stupore.

Che cosa ci spinge a ubriacarci, a ballare, a smarrirci dietro a un miraggio o dentro una passione, se non il goffo desiderio di recuperare la dimensione bambina che abbiamo perduto?

Vorrei cercare di riprendermela, però in modo consapevole.

Proverò a osservarti. E a imitarti, come già faccio con Diego. Entrerò nella macchina del tempo per sforzarmi di guardare il mondo con i tuoi occhi. Sarai la mia fonte di ispirazione.

La vita è un gioco e vince chi *ritorna* bambino. Ma, per riuscirci, dovevo prima diventare adulto.

Perché questa infermiera continua a fissarmi?

«Se vuole venire, noi siamo pronti.»

Ora lo sono anch'io. Estraggo dalla tasca il ciuccio di vetro e gli do un bacio.

Su il sipario.

Quando è stata l'ultima volta che ho fatto qualcosa per la prima volta?

Adesso. Sto per conoscere te.

Nome TOMMASO *Cognome GRAMELLINI*

Età gestazionale (E.G.) 39 settimane

Data di nascita 18.02.2019

Peso alla nascita 3340 grammi

Peso alla dimissione 3080 grammi

Lunghezza 51 cm

Circonferenza cranica 35 cm

Gruppo sanguigno A Rh positivo

GRAZIE

Ringrazio tutte le persone che mi hanno aiutato a far venire al mondo questo libricino. Ma sono talmente tante che mi limiterò a citare quelle che hanno aiutato Simona a far venire al mondo Tommaso – una su tutte, la ginecologa e amica Cristina Fischetti – e chi adesso se ne prende cura: il pediatra Corrado Ferrari, autore del manuale *Il mio bambino* (Nutrimenti, Roma 2006).

Gli altri volumi consultati e non citati già esplicitamente nel testo sono: *Il grande libro italiano del bambino* (Laura De Laurentis, Rizzoli, Milano 2011), *La personalità nascente del bambino* (Erich Neumann, Red edizioni, Como 1991),

Naufraghi senza volto (Cristina Cattaneo, Raffaello Cortina editore, Milano 2018) e il *Blog degli ingenui* di Riccardo Geminiani, che libro ancora non è, ma a cui auguro di diventarlo.

Roma, 2 ottobre 2019

INDICE

Finito di stampare nel mese di ottobre 2019
per conto di RCS MediaGroup S.p.A.
da Grafica Veneta S.p.A., Via Malcanton 2, Trebaseleghe (PD)
Printed in Italy